内向者的好人緣聊天術

"全日本最內向的
溝通技巧講師親授"

掌握47個對話黃金心法，輕鬆融入每個圈，跟誰都能聊得來！

複数人での会話がラクになる話し方

MIYATA SATOSHI——著　林以庭——譯

暢銷
慶功版

前言　給面對多人聊天就備受折磨的你——6

第1章

多人聊天讓人傷腦筋的真正原因

- 為什麼人一多就會覺得很難聊天呢？——14
- 多人聊天時會發生的四種變化——16
- 主觀印象①融入圈子的唯一方法就是多說話——24
- 主觀印象②碰到不熟悉的話題，只能當旁聽者——27
- 主觀印象③說出來的話一定要有趣才行——31
- 心態調整第一步：把注意力轉向其他人——36

第2章

終結尬聊困境，撕掉「不會聊天」的標籤

- 「不會聊天的人」很難受歡迎的真正原因——40
- 人們無法信任不了解的事物——44
- 尬聊掰掰！別當個「搞不懂的人」——49
- 比起「健談的說話者」，不如成為「討喜的聽眾」——54
- 提升好感度！「多人聊天」的攻略指南——60

• 在團體聊天中，不必勉強自己說話——65

第3章 好人緣必修課，參與聊天的傾聽技巧

• 養成不破壞氣氛的態度——70
• 以「微笑」作為基本表情——73
• 傾聽就是做出反應，給足安全感——79
• 必修課① 催促型反應的訣竅——85
• 必修課② 驚訝型反應的訣竅——89
• 必修課③ 認同型反應的訣竅——93
• 以「共感」理解他人的感受，取得信任——97
• 掌握共感的訣竅，做到真正的善解人意——102

第4章 聊到欲罷不能！讓聊天更愉快的提問祕訣

• 提問的三大優點——108
• 隨時能輕鬆使用的「資訊提問」——112
• 迅速拉近關係的「人格提問」——116
• 提問的訣竅① 捕捉關鍵詞——121

・提問的訣竅② 追溯過去——126
・提問的訣竅③ 激發情緒——130
・好好提問很重要，你應該注意的細節——137
・成為聊天的傳球大師——142
・拋出問題，對方卻依然寡言怎麼辦……——148

第5章 放心暢聊吧！在多人聊天中輕鬆說話的訣竅

・不用忍住「我也想講幾句」的心情——152
・在多人場合主動說話的方法——155
・別當句點王，資訊類的內容很無聊——159
・談論每個人都理解的話題是基本禮儀——167
・隨時派得上用場的萬能話題——171
・多人聊天時，要坐在關鍵人物附近——176

第6章 改變現狀，擺脫「不說話的角色」

・「現在不知道怎麼聊天……」克服心魔的方法——182
・步驟① 親切地打招呼——185

・步驟② 成為容易進行業務聯繫的人——189
・步驟③ 自己主動搭話——193
・步驟④ 設定鮮明特質，取代「不說話的角色」——197
・內向者一旦順利融入，最自然的模樣也能被接納——203
・想在職場找到歸屬感，就要成為有用戰力——208

第7章 輕鬆融入每個圈，不同情境的應對方法

・聊到自己不了解或沒興趣的話題時——214
・中途參與聊天時——221
・當團體氛圍過度亢奮時——225
・當成員都比自己年長時——229
・剛加入內部已經建立關係的團體時——233

結語 總有一天，與他人聊天會成為值得期待的事情——238

前言

給面對多人聊天就備受折磨的你

每當好幾個人一起聊天時，總是不敢主動發言，最後只能淪為旁聽者……

剛開始還會隨聲附和，努力想要留在小圈圈裡，但完全沒人看向自己，反而有種被疏遠的感覺……

最後連附和幾句都嫌麻煩，還得忍住不打哈欠……

「我在這裡有什麼意義嗎？唉，我想回家了。」

這本書就是用來擺脫這樣的自己。

大家好。我叫MIYATA SATOSHI，是一名傳授溝通技巧的講師。

我現在每年開設溝通技巧課程，學員人數超過一百人，課程的概念是「個性內向者也能培養出一般的對話能力」。

這種概念有點奇怪吧。之所以會開設這樣的課程，是因為我本身就是個性格內向的人，但還是很好地掌握了一般人的對話能力。

直到十年前，我都還是個表達能力很不好的人，

- 不敢跟別人搭話。
- 對話一來一往無法超過四句。
- 無法好好表達自己的情感。

非常不會聊天，也就是所謂的「社交溝通障礙」。

讀大學的時候，好不容易第一次和女生出去約會，但完全聊不起來，才見面不到一個小時，對方就回家了。

畢業後，我一直融入不了職場環境，只做八個月就逃跑了，還成了尼特族。

在那之後，我讀了很多關於對話技巧的書、上過課、做了服務業相關工作。經過兩年，雖然我的社交溝通障礙逐漸有所改善，但我內向的個性至今幾乎沒有什麼改變。我是那種休息日也喜歡一個人待著，窩在咖啡廳裡悠閒看書的人。

我覺得自己應該是全日本最內向的溝通技巧講師了，因為講師通常都是善於交際且很健談的人。

但正因為我的個性如此，所以我可以為內向的人提供最合適的對話技巧。有些身為社交溝通障礙的人才容易受挫的地方，是善於交際的講師也難以注意到的細節，而這些困難我都能從旁給予協助。這個性格就是我最大的武器。

當然，會來參加課程的學生大多是很內向的人。我每天都會聽他們傾訴各式各樣的煩惱，但其中有一種煩惱幾乎困擾著每一個人。

那就是**「不擅長多人聊天」**。

- **話題永遠不會輪到自己身上。**
- **總是找不到主動說話的時機。**
- **不積極參與對話，就會變成像擺設一樣的存在。**

你是不是也有相同的煩惱呢？

這本罕見的多人對話攻略書，正是為了解決這樣的煩惱而存在。

市面上有很多討論溝通技巧的書籍，儘管有很多人對於「多人對話」傷透腦筋，不過到目前為止卻沒有一本書詳細解釋要如何應對這種情境。

這次，我將用這本書好好告訴大家解決這個煩惱的方法。

如同我開頭提到的，我以前是個只會在一旁強忍著不打哈欠的邊緣人。

然而，如今的我就不一樣了。就算已經離職超過三年，現在仍會被邀請參加前公司的聚會。哪怕我完全喝不了酒，還是很享受和大家聊天。

對你來說，身處這樣融洽的情境也並非不可能。

只要一個小訣竅就能融入多人聊天

基本上，多人聊天比一對一聊天的難度還要高，從很多人都不擅長這件事就看得出來。注視自己的目光越多，說話時心裡的牴觸就越大，這是人之常情。

所以，要變得「很擅長聊天」不是件容易的事，但是**「輕鬆融入不同圈子，愉快地參與聊天」是任何人都做得到的事。**

訣竅就只有一個。那就是把注意力從「我」轉向「大家」。

不要去思考「我得說點什麼才行！」，而是抱著「讓大家開開心心地聊天

吧！」的想法參與對話。

如果帶著這個想法，將書中描述的技巧訣竅付諸實踐，一定能讓自己擺脫「我是個可有可無的人」的尬聊困境。

不僅如此，只要有聚會場合，周圍的人都會覺得「你一定得在場」，成為不可或缺的存在就不再只是夢想！

就像我的課程一樣，書中的對話技巧都是精心挑選過的重點，即使是害羞、孤僻的人也可以透過一點一點努力加以實踐。

就算一對一聊天都不太擅長的你，亦能做到：

❶作為傾聽者，愉快融入其中。

❷作為提問者，讓大家熱絡聊起來。

❸作為說話者，開開心心參與聊天。

不需要太勉強自己，也能一步步成長，提升對話技巧。

請放心地跟著做吧。

如果本書能在社交溝通上助大家一臂之力，身為作者，沒有什麼事比這個更令我高興了。

MIYATA SATOSHI

第 1 章

多人聊天
讓人傷腦筋的
真正原因

為什麼人一多就會覺得很難聊天呢？

人數增加時會改變的四件事

不管是一對一還是多人，對話就是對話，要做的事情基本上不會改變。

- 說話
- 傾聽
- 提問
- 拋出話題

選項大概就是這幾個。實際寫出來發現滿簡單的，對吧。

儘管如此，本來一對一聊天還算能聊的人，一旦人數增加就會突然沉默下來。不知道該怎麼參與對話，最後只在一旁當個旁聽者。

這種聊天的難易度差距究竟是從哪裡來的呢？

為了找出答案，我們來檢視「一對一聊天」和「多人聊天」之間的區別吧。參與對話的人數達三人以上時，會發生的變化主要有下列四種：

1. 除了自己以外，還有其他聽眾。
2. 潛在的說話者增加。
3. 當自己說話時，聽眾增加。
4. 不感興趣的話題出現頻率增加。

接下來，我們按照順序來討論這四點吧。

多人聊天時會發生的四種變化

變化① 除了自己以外，還有其他聽眾

即便是多人聊天，基本上也只會有一個說話者。
如果是五個人聊天，當有一人在說話的時候，剩下的四個人就是聽眾。
這種情況會出現一個問題。
那就是**很容易失去專注力**。

你有沒有過這樣的經驗呢？

剛開始，作為聽眾之一還會隨口附和，如果有人講了好玩有趣的事時，你會跟著大家一起笑，努力讓自己不要脫離這個對話的小圈圈。

但漸漸地，連隨口附和都變得很麻煩，甚至要拼命忍住不打哈欠……以前的我經常碰到這種狀況。

但如果是一對一聊天，就不太會發生這樣的事情。

那麼，為什麼除了自己之外還有其他聽眾的話，我們就很容易失去專注力呢？

那是因為**無論你有沒有附和，對話都會繼續進行下去**。

在一對一聊天中，你是唯一的聽眾，說話者只對著你一個人說話。但在多人聊天中，對方絕大部分的時間都是對著其他人說話。

由於多半時候對方的視線都不在你身上，久而久之難免會讓人開始覺得：「就算我不在這裡也無所謂吧……」於是連隨口附和的動力都沒有了。

變化② 潛在的說話者增加

參與多人群聊時，許多人會覺得不能總是在一旁乾聽著，而是「必須開口說話才能參與對話」，但在多人聊天的情況下有一道障礙。

在一對一聊天中，說話的人不是對方，就是自己。所以當對方說的話告一段落，也很容易掌握時機，「那接下來就輪到我說話了。」

但到了多人聊天時，卻會忽然抓不到適合的說話時機切入。

因為除了自己之外，還有好幾個潛在的說話者。

潛在說話者增加時，內向的人就會更猶豫，「或許其他人也想說話……」或是「交給其他更會聊天的人，比較能活絡氣氛吧……」

結果就是遲遲開不了口。

變化③　當自己說話時，聽眾增加

就算這樣，有時候自己還是會努力主動開口說話，或是因為其他人一句「那你呢？」把話題拋向自己，因此得到了發言的機會。

這種時候會比一對一聊天還令人手足無措、語無倫次，我相信大家都有過類似的經驗吧。

原因就在於人的心理。

一般來說，注視自己的目光越多，越會擔心別人的看法，很難聊一些比較隱私的內容。

根據一項心理學實驗結果顯示，當人們被問到「在聊天時願意自我揭露到什麼程度」時，隨著參與對話的人數增加，願意談論個人私事的意願就會隨之降低。

舉個例子，請你現在回想一個自己很難為情的祕密。

如果非得把這件事告訴其他人的話，

・說給一位知根知底的同事聽
・當著所有同事的面前說出來

哪一種情況會讓人心理牴觸更大呢？
那肯定是後者。
就是這個心理關卡，使得多人對話往往會比一對一對話令人感到更困難。

變化④ 不感興趣的話題出現頻率增加

和別人聊天時，有時候會出現自己不感興趣的話題。
如果這種情況發生在一對一聊天中，通常對方會隱約察覺到你對這個話題不感興趣，然後主動改變話題。

多人對話・
閒聊時會發生的四種變化

為什麼人數一多就會不自在呢？

①除了自己以外，還有其他聽眾

無論自己有沒有出聲附和，團體對話都會繼續進行下去，容易失去專注力。

②潛在的說話者增加

潛在說話者增加時，就會有所猶豫：「也許其他人也想說話……」或是「交給其他更會聊天的人，比較能活絡氣氛吧……」

③當自己說話時，聽眾增加

注視自己的目光越多，越會擔心別人的看法，很難聊一些較為隱私的內容。

④不感興趣的話題出現頻率增加

被迫參與自己不了解或沒興趣的話題之情況會越來越多。

但在多人對話中，只要有個人表現出興趣，這個話題就會再持續一段時間。

也就是說，**被迫參與自己不了解或沒興趣的話題之情況會越來越多**。

當然，其他成員面對的也是同樣條件，如果你是一個健談的人，在團體裡也有一定的影響力，就可以自己轉移話題：「先不說這個了，〇〇那件事現在怎麼樣了——」

但內向的我們並不具備這樣的能力。

到頭來，無話可說的你，只能當個旁聽者，漸漸脫離對話的小圈圈。

在掌握聊天技巧之前，先矯正主觀印象

我們已經了解對話人數增加時會產生的變化，以及令人不自在的原因。

「那不就束手無策了！」有些人可能會這麼想。

但請大家放心，只要掌握原因，就可以思考出好幾種應對方法。

我將在第3章以後詳細說明如何在多人對話中做到面面俱到，但在那之前，還有一件事情要先做。

那就是**矯正自己的觀念**。

到目前為止，我們已經了解幾種多人對話令人不自在的原因，又以其中三個主觀印象會使你的不自在感更強烈。分別是：

❶融入圈子的唯一方法就是多說話。
❷碰到不熟悉的話題，只能當旁聽者。
❸說出來的話一定要有趣才行。

讓我們先從拋開這些主觀印象開始做起吧。

主觀印象
①

融入圈子的唯一方法就是多說話

光靠說話是無法融入圈子的

第一個該拋開的主觀印象是「融入圈子的唯一方法就是多說話」。

如同我之前提到的，即使是多人對話，基本上也只會有一個說話者。有人說話的時候，其餘的人都是聽眾。

換句話說，**即使你能在多人面前輕鬆地交談，還是會花更多的時間在聽別人說話。**

搶在別人前面多多發言，或許會產生存在感，但不會給人留下什麼好印象。

就像許多溝通技巧書裡寫的，對話的基礎在於「聽」而不是「說」。無論是幾個人的對話，基本上都是一樣的。

想成功融入圈子的關鍵在於「傾聽」。

「話雖如此，但這本書不是一開始便寫明，人一多就容易失去專注力，聽別人說話會很痛苦嗎？」

我想也有人會這麼想的吧。

你現在的傾聽方式確實是行不通的。

因為**你還沒有成為「頭號聽眾」**。

聽眾一多就會產生「競爭」

在一對一聊天中，你是唯一的聽眾，說話者只對著你一個人說話，哪怕你不太擅長傾聽。

但在多人對話時，聽眾就會增加到兩個以上。

在這種情況下，說話者並不會刻意均分時間去看著每個人的臉，**而是會花更多時間對著比較善於傾聽的人說話**，畢竟每個人都喜歡聊天時讓自己感到舒適自在的人。

被選中的人會成為「頭號聽眾」，無形中被定位在小圈圈的中心位置。不擅長多人對話的人則會落到三號或四號聽眾。

造成這種情況的主要原因是，有些人**在傾聽的時候給出的反應和提問太少，因此逐漸失去存在感**，其他人的目光自然也就不會繼續放在這樣的人身上。

因此，**你的目標不應該是多說話，而是成為「頭號聽眾」**。

之後我會再針對方法進行說明，但首先你要牢牢記住一個事實：「如果你認為自己必須要主動說話，是因為你的傾聽技巧有所不足。」

主觀印象②

碰到不熟悉的話題，只能當旁聽者

一旦成為旁聽者，就會脫離小圈圈

「我的興趣範圍比其他人狹隘，所以跟不上體育或明星的話題，總是只能在一旁聽著……」

我想很多人都有這樣的煩惱。

當你成為旁聽者時，隨著你的專注度逐漸下降，整個人無可避免地會散發出一種覺得無聊的氛圍，然後周圍的人可能會察覺到這一點而感到：「這個人好難聊啊。」

於是，即便輪到下一個你可以參與的話題，也很難融入圈子裡。

如前所述，在多人對話中，聊到自己不熟悉或不感興趣的話題頻率會增加。在這種情況下，除了成為旁聽者之外，就沒有其他選擇了嗎？

不是的。如果你已經放下了第一個主觀印象，現在就會意識到這種想法也是錯誤的。

關鍵在於提問能力

當你沒有什麼好聊的時候，就問問題吧。

即使面對你不熟悉的話題，也有方法讓你可以作為聽眾參與對話。

訣竅就是：留意說話者的人物性格，並提出問題。

比方說，聽一個喜歡釣魚的人說話時，問題不要集中在「釣魚」這件事上，而是要把焦點放在「喜歡釣魚的這個人」身上。

「是什麼契機讓你開始喜歡釣魚？」

「釣到現在讓你最興奮的時刻是什麼時候？」

「垂釣的時候通常在想什麼？」

透過這種方式，**你可以深入挖掘對方的感受、價值觀和趣聞**。把焦點放在人身上，可以帶出「這個人獨有的故事」，即使你對話題本身不感興趣，也可以聽得很開心。

透過對話的傳球，讓周圍的人參與進來

除了向說話者提問之外，還有其他方式可以參與對話。

「A給人的感覺也是室外派耶，你有釣過魚嗎？」

「B呢？你放假的時候都在做什麼呀？」

諸如此類的問句，**把話題傳球給其他人**。

負責傳接話題的角色是所有人聊天時不可或缺的存在，因為**在多人場合不敢主動開口說話的人比你想像的還要多。**

所以，如果把話題拋給其他像你一樣的旁聽者，就能把對方一起帶進圈子裡，對方肯定會很感謝你的。

請牢記這一點：「就算是不熟悉的話題，也有其他方法讓你作為聽眾參與對話」。

主觀印象③

說出來的話一定要有趣才行

你是不是給了自己太多壓力呢？

雖然我說「傾聽比說話更重要」，但不代表要完全放棄說話這件事。

基本上，比起「聽別人說話」，人們在「自己說話」時更能感到愉悅。所以，適度開口說話可以讓你更享受對話。與其從頭到尾當一個聽眾，不如偶爾說幾句話增加存在感，你的定位也能越來越接近頭號聽眾。

然而，很多不擅長多人對話的人雖然會想著「我也說點什麼吧」，卻遲遲無法主動開口說話。

之所以有所遲疑，是因為我們自己把「說話的門檻」設得太高了。

「我得講一些有笑點的事情才行吧？」

「如果說一些沒有新意的發言，應該會被嫌棄吧？」

你是否也被這樣的想法困住了呢？

如果這個想法太過強烈，接下來就會忍不住想：

「但是，我也講不出什麼有趣的故事……」

「那還是交給比我更會說話的人吧……」

最後閉上嘴巴，什麼也不說了。

多人對話時，注視自己的目光變多，本來就已經讓人很難開口了，如果還想

著「必須講點有趣的事才行」，當然會壓力大到說不出話。

首先，拋開這種主觀印象吧。

真實的你就已經很有意思了

我想大家可能都已經注意到了，世界上沒有一個人可以接二連三地拋出有趣的故事。

觀察那些你以為很會聊天的人，仔細分析他們聊天的內容，會發現八〇%以上聊的都是很稀鬆平常的日常小事。

吃了什麼、買了什麼、搭了電車、加班了、下雨了、下雪了、變熱了、變冷了……幾乎都是這些無關緊要的小事。

這樣就足夠了。對話的存在是為了讓我們了解彼此的個性，並建立關係，不需要很特別或多深入的話題。

只有一件事要多加留意。

那就是必須如實講述你自己的故事。

每個人的生活方式都截然不同。

比方說，最常見的早餐話題，也能分成很多類型的人，有喜歡吃麵包的人、喜歡吃飯的人、喜歡吃香蕉的人，還有想睡到最後一刻而選擇不吃早餐的人。

「大家早餐都吃什麼呀？我早上根本沒心力做飯，所以每天都吃玉米片，但我開始吃膩了……」

光是這樣的開頭就很有意思，感覺會開始一段有趣的討論呢。

不會聊天的人講話很無聊，並不是因為他們講話沒有笑點。而是他們太不願意暴露自己的事了。

就算你只是隨口提起一些日常生活中對你而言理所當然的事，其實很多時候別人反而會覺得很新奇：「是喔，你會做這種事呀？」

不擅長聊天的人「三大主觀印象」

①融入圈子的唯一方法就是多說話

這是第一個該拋棄的主觀印象。即使你懂得如何聊天，在多人對話的情況，依然有更多的時間都花在傾聽上。最重要的是成為頭號聽眾。

②碰到不熟悉的話題，只能當旁聽者

即使是不熟悉的話題，也可以作為聽眾參與對話。訣竅就是「留意說話者的人物性格並提出問題」。在聊天的過程中，向說話者問問當下的感受吧。

③說出來的話一定要有趣才行

你不需要成為一個能接二連三拋出笑點的人，最重要的是「如實講述自己的故事」。通常大家會覺得不會聊天的人講話很無聊，是因為他們太不願意暴露自己的事了。

心態調整第一步：把注意力轉向其他人

聊天不順利的時候，人習慣糾結在自己身上

我們已經解決了讓你在多人對話中備感不自在的三大主觀印象。

- 融入圈子的唯一方法就是多說話

↓增加自己作為聽眾的存在感，自然就會成為小圈圈的中心。

- 碰到不熟悉的話題，只能當旁聽者

↓提問以對方為焦點的問題，或作為負責傳接話題的角色參與對話。

●說出來的話一定要有趣才行

↓如果能毫不保留地分享自己的事，即使是日常話題也能聊得很開心。

綜上所述，**你無法參與多人對話的最大原因是「太專注在自己身上了」**。

「不能光是在旁邊聽，得說點什麼才行。」心裡雖然這麼想，注視自己的目光越多，就會形成越大的心理障礙而無法好好說話……

「如果是不熟悉的話題，我就沒東西可以聊了。」最後淪為邊緣的旁聽者……

「我應該講一些有趣的事……」雖然心裡這麼想，但對自己的談話能力又沒有信心，不想看到別人露出覺得無聊而失望的表情，於是默默地閉上嘴……

如果總是像這樣一直反覆想著自己要說什麼、該怎麼讓大家喜歡自己，不自在的感覺就會越來越強烈。

員吧。

從「由我來說」轉為「讓大家開口聊」

如果你想被一個團體接納，就停止把心思放在自己身上，開始去關注其他成員吧。

不要一直想著「我要怎麼說話？」，而是專注在「我要怎麼讓所有人都能開心聊天？」這個方向前進。

那麼你自然就會明白，最重要的仍然是如何傾聽。作為聽眾去協助大家，讓團體內的每個人都可以愉快地聊天吧。

其實每個人都想多說話，如果你能幫助他們滿足這個欲望，大家都會對你另眼相看，非常歡迎你。

要是能透過這種方式**取得「頭號聽眾」的位置，就算你說的話不多，自然而然地也會成為小圈圈的中心。**

第 2 章

終結尬聊困境，撕掉「不會聊天」的標籤

「不會聊天的人」很難受歡迎的真正原因

學習好人緣聊天術前應該知道的事

不要卡在「我要怎麼說話？」的煩惱上鑽牛角尖，而是去想：「我要如何讓所有人都能開心聊天？」我在第1章說過這個觀念非常重要。

但具體該怎麼做呢？詳細的技巧會在第3章以後的章節仔細解釋。

在此之前，本章將針對**因為不擅長聊天而苦惱的人，介紹幾個應該具備的心態**。

先理解我現在開始要傳達的內容，再去學習方法，應該能讓你更快明白「為什麼要這麼做」。

這個觀念不僅適用於多人對話，更適用於所有對話和所有人際關係。

「但我連一對一聊天都很不自在……」

「我已經很多年沒有交新朋友或認識對象了……」

我想，有這些想法的人也會獲得新見解的。

不討喜的理由：因為你是「搞不懂的人」

我認為有不少人因為不善於交談和溝通，很難跟他人建立親密的關係。

說到底，為什麼不會聊天的人很難受歡迎呢？

對於不擅長聊天的人來說，欠缺的決定性因素究竟是什麼？

豐富多彩的知識？

開朗的個性或幽默感？

能吸引對方的口才？

當然，擁有這些特質或許會更有利。但世界上有多少人能夠同時擁有這些特質呢？

不管怎麼想，大多數人都是不具備這些特質的。

上述特質就連身為溝通技巧講師的我也一個都沒有，但我仍然找到了值得信賴的朋友和夥伴。

換句話說，根本上還有其他更重要的東西。

不會聊天的人很難討人喜歡，並不是「因為不擅長說話」。

當然，也不是因為「個性內向」或「沒有幽默感」。

最根本的原因是別人把你歸類在「搞不懂的人」。

「搞不懂的人」是什麼意思呢？

更具體來說，是以下情況。

- 因為對方話太少，所以「搞不懂」他是個什麼樣的人。
- 因為對方沒有表現出個人情緒，所以「搞不懂」他在想什麼。
- 因為對方不會主動搭話，所以「搞不懂」他是否想參與對話。

對於這樣的人，你是怎麼看待的呢？

我想大多數人都會覺得這樣的人很難接近吧。

這就是不擅長聊天的人很難討喜的真正原因。

人們無法信任不了解的事物

警戒假說的心理

我再詳細解釋一下為什麼人們會和「搞不懂的人」保持距離的原理。

對於不了解的事物，人的內心會先入為主抱持負面想法，並保持警惕。

這種心理被稱為「警戒假說」。

舉一個最容易理解的例子，就是綜藝節目中經常看到的「恐怖箱」。這是一種遊戲，參加者要把手伸進箱子兩側的孔，觸摸裡面的東西並猜出正確答案。

如果事先看見是鮑魚刷或水管，可能會覺得沒什麼大不了的，但正因為不知道是什麼，才會充滿戒心，「是不是什麼危險的東西？」「該不會是蛇吧？」內心難免會因為高度警戒而疑神疑鬼，突然就變得不敢去觸碰了。

與不擅長溝通的人交談時也會發生同樣的情況。

- 話很少

↓他是不是心情不好？有什麼事令他感到不安嗎？

- 沒有表現出情緒

↓他是不是缺乏人類的情感？

- 不表達真實感受

↓他是不是討厭我，所以我們之間才有一種隔閡感？

不主動開話題
↓他是不是不想跟我聊天？

就像這樣，這些行為會給周遭的人帶來負面的成見，讓人感到焦慮不安。

人們喜歡熟悉的人和容易理解的人

相反地，人們和「熟悉的人」或「容易理解的人」在一起時，會感到舒適與安心。

比起「完全不知道來歷的人」，「非常清楚他住在哪裡、職業、興趣喜好是什麼、個性怎麼樣的人」會更讓人放心。

比起「不知道在想什麼的人」，與另一種「很容易就理解他此刻心情的人」聊起天來更沒有額外的壓力。

不受歡迎、
不討人喜歡的終極理由

因為是「搞不懂的人」

因為對方沒有表現出情緒，所以「搞不懂」他在想什麼。
因為對方不會主動搭話，所以「搞不懂」他是否想參與對話。
因為對方話太少，所以「搞不懂」他是個什麼樣的人。

警戒假說

對於不了解的事物，人類會先入為主抱持負面想法，並保持警惕。

擺脫「搞不懂的人」的標籤吧！

當然，**你也沒有必要勉強自己敞開心房公開不想說出口的事，但適度表露自我是建立人際關係的基礎。**

唯有讓別人有機會了解你，對方心裡才會產生親切感。

如果你希望未來能夠享受對話的樂趣，並建立良好的人際關係，請將**擺脫「搞不懂的人」的標籤**作為最重要的課題來處理。

尬聊掰掰！別當個「搞不懂的人」

說話時要展現出人物性格

我現在是「說話者」還是「聽眾」？不管是幾個人的交談，我們一定會扮演其中一個角色。無論是哪種情況，只要銘記**不要成為一個讓別人「搞不懂的人」**，聊天就會非常順利。

當你擔任說話者的角色時，要特別留意的第一件事就是「展現出你的人物性

格」。

口才笨拙、不會聊天的人，不僅話少，就連在為數不多的發言機會裡，也只會講一些無關緊要的話。

老是談論與自己無關的事情，像是「氣象預報說今天傍晚會開始下雨哦」。這會讓**周圍的人無法掌握你的人物性格，而選擇跟你保持距離。**

多聊聊關於你自己的事吧。這麼一來，即使話不多，也能給人一種親近感。

「說是這麼說，但要展現人物性格感覺就很困難……」你可能會這麼覺得，但也不必過於擔心。

比方說，如果你想表現「喜歡讀書」的人物性格，可以試試以下的說法。

● 表達「一點點心情」

（例）**「當一本有趣的小說看到只剩下幾頁時，我心裡會出現『想快點看完』和『捨不得看完』兩種心情互相拉扯。」**

● 表達「平時的行為模式」

（例）「我想在回家的路上慢慢看書，所以下班都搭各站皆停的電車。」

● 表達「喜歡的程度」

（例）「我房間裡的書架都放滿了，書都堆到地板上了。」

如果是這種程度的聊天內容，大家都能馬上做出回應的吧。

「聊這種內容就可以了嗎？」你可能會這麼想。但談論自己的主要目的是為了擺脫別人眼中「搞不懂的人」的標籤，向其他人傳達一種親近感和安心感，所以能做到這種程度就足夠了。

傾聽時好好做出回應

「既然擺脫『搞不懂的人』的標籤比較重要，就跟當聽眾沒什麼關係了吧？」或許有些人會對此感到疑惑。

但實際上，當你擔任聽眾的角色時，需要留意的重點也是放在擺脫「搞不懂的人」的標籤。

不擅長聊天的人，往往在傾聽方面有很大的問題。

那就是**「反應太小」**。

如果你沒做出什麼反應，會造成對方不確定你有沒有在認真聽，而開始自我懷疑：「我講的話人家是不是聽一聽就過了……」然後默默閉上嘴不再說話。

點頭、附和、好好地做出回應，都是在表示「我有認真在聽喔」的信號。

只有你給出明確易懂的信號，對方才能放心地繼續說下去。

擺脫「搞不懂的人」標籤
兩大基本聊天訣竅

①說話時
傳達「人物性格」而不是「情報」

那部電影是在演○○的故事喔！
我前陣子看一部電影看到哭耶…

別糾結在要講「不會令人反感的話」，而是多多分享你的生活、你做的事、你的想法。

②傾聽時
做出明顯易懂的反應

是喔～

讓別人覺得「搞不懂的人」的共同特徵就是反應太小。

當別人說話時，如果你沒有做出反應，對方也會很難聊下去。

〈重點〉

「好聽眾≠完全不說話」。如果只是一直聽別人說話，最後你還是會成為別人眼中「搞不懂的人」。要成為一個好聽眾，重要的是解除對方的戒心。當你是傾聽的一方時，也試著表達出自己的人物性格吧。

比起「健談的說話者」，不如成為「討喜的聽眾」

好聽眾一定會討人喜歡

如果你曾經學過一些溝通技巧，可能都聽過這麼一句話。

「好的聽眾比好的說話者更受歡迎，所以，我們的目標是成為一個好的聽眾！」

那麼，為什麼好的聽眾會受歡迎呢？

關鍵在於**「渴望認同」**。

人們都渴望得到認同，比如「希望別人理解自己」、「希望自己被當作重要的人對待」。

而我們下意識會喜歡可以滿足這些欲望的人。

那有什麼方法能滿足對方渴望認同的需求呢？大家不妨稍微想一想。

舉例來說，有下列幾種方式。

- 認可對方的努力。
- 設身處地地傾聽對方的抱怨和煩惱。
- 理解對方的感受和價值觀。
- 找出對方的優點，並加以稱讚。
- 就算是無聊的話題也聽得興致勃勃。

大家注意到了嗎？

這些幾乎都是「傾聽的當下就可以做得到的事」。

也正是好聽眾討人喜歡的原因。

無論是多麼有趣的事情，你也許可以暫時讓對方開心，但無法滿足他們對認同的渴望。

能做到這一點的人就是那些能感同身受、傾聽對方說話的人。

也許有人會想：「可是大家也很喜歡擅長聊天的〇〇呀。」但這種情況通常是那個人說話和傾聽兩樣都很擅長，而造成你的錯覺。

就算對方再怎麼健談，如果是個不聽別人說話的人，聊起天來也不會多愉快。

小心「萬年聽眾」當過頭了

既然如此，你或許會認為：「既然我不擅長說話，我就不該勉強自己說話，一直聽別人聊天不就好了嗎？」

實際上，我在書籍或網路上閱讀針對社交溝通障礙人士的建議時，經常看到「如果不擅長聊天就徹底當個聽眾」的意見。

如果你只是想熬過眼前的場合，這確實是一個做法。與那些老愛否定別人的人或長輩交談的時候，我有時也會選擇徹底當一個聽眾，不勉強自己開口。

但是，如果你想和對方建立朋友或戀人的深厚關係，聽從這個建議是很危險的事。

你試著想像一下。

你願意和一個從來不談論自己的人深入交談嗎？

你能放心地向他傾訴你的隱私和真實感受嗎？

我想應該很難吧。

就像前面所提到的，人們會對搞不懂的人抱持戒心，而對於熟悉的人則會產生親近感。

換句話說，只要你給人一種「搞不懂的人」的印象，對方就會對你產生戒心，再怎麼聊都是一些無關緊要的事。

什麼都不肯說的人是不可能成為一個真正的好聽眾。

當你啟開心房時，對方才會向你啟開心房

一個好的聽眾也可以解釋成「善於讓別人開口說話的人」。

想成為這樣的人有個條件，就是**讓對方覺得：「也許我可以向這個人傾訴更私密的事情。」**

為了做到這一點，在傾聽時要做出反應，或是充滿興趣地向對方提問也很重要。另一方面，**「展現出自我的人物性格，讓對方放下戒心」**亦是不可或缺的。

人際關係就像是一面鏡子。

正因為你敞開心房，對方才會放心且更願意向你敞開心房。

如此一來，對方就會比以前向你吐露更多自己的事，甚至還會覺得：「跟你聊天很開心，希望你再聽我多說一些！」

「說」和「聽」可能會給人截然相反的印象，但這兩件事本質上是相連的。

說話也是成為「好聽眾」的一種方式。

「努力做一個好聽眾」並不等於「徹底當個聽眾」。

提升好感度！「多人聊天」的攻略指南

多人對話的基礎是相同的

我簡單總結，目前介紹了幾種如何改善不會聊天的「心態」。

❶嘴拙、不會聊天的人不討喜的根本原因是，對於人們而言，你是個「搞不懂的人」（面對一切事物，一旦有不了解的部分，人們就會抱持戒心）。

❷說話的訣竅在於展現你的人物性格，讓對方產生親近感。

❸傾聽的訣竅，在於透過反應來表達你的感想或興趣。

❹目標不在於當一個好的說話者，而是好的聽眾（＝善於讓別人開口說話）。

❺說話也是成為好聽眾的一種方式，徹底當一個聽眾是NG的行為（適度說話能讓對方更容易聊下去）。

以上幾點是所有對話形式通用的觀念。

當然，在多人聊天中也適用。

我想，應該有很多人是「僅限於多人數的社交溝通障礙」，一對一聊天沒有問題，但人數一增加就會不知道怎麼參與對話，為此而傷透腦筋。然而，其實基本觀念是大致相同的。

「努力擺脫『搞不懂的人』標籤，當一個善於讓別人開口說話的人」就是正確的做法。

但是，人數一增加時，仍有些部分會略有變化。

那就是「傾聽的重要性增加」。

當二號聽眾是最低標準

在多人對話中，傾聽變得更加重要。

原因就是先前所提到的，當聽眾有兩人以上的時候，就會產生競爭。

說話者並沒有辦法將目光平均地停留在每個聽眾身上，而是會花更多時間對著善於傾聽的人說話。

所以你越擅長當個好聽眾，就越容易進入小圈圈的中心。

目標是成為小團體中的頭號聽眾。起碼要擔任二號聽眾，這是最低標準。

為此，我們要放下「必須說話才能參與對話」的既定觀念。

不要一直想著「我要怎麼說話？」，而是思考「我要如何讓所有人都能開心聊天？」這麼一來，你自然就會看到自己該做的事。

- **以愉快的態度傾聽。**
- **做出明確的反應。**
- **開口提問感到好奇的事。**
- **把話題拋給旁聽者。**

透過這些行動來協助其他成員吧。

「總是當個聽眾無法參與話題，多人對話的時候就只能盡量說話。」你並不是唯一一個抱持著這種錯誤觀念的人。

其他人也總是在考慮自己要說的內容，除了自己之外還有其他聽眾在場的話，就會在傾聽時混水摸魚。

也就是說，**聽眾是一片競爭率較低的藍海，因此想要脫穎而出也出乎意料地容易。**

當大家都在摸索個人發言的時機時，如果你是在場唯一以「想讓大家聊得開心」為目標去採取行動的人，那麼你肯定很快就會拿到頭號聽眾的位置。

目標是
「至少要成為二號聽眾」

在多人對話裡「傾聽」相當重要

因為聽眾之間處於競爭關係

你該做的四件事

① 以愉快的態度傾聽

② 做出明確的反應

③ 開口提問感到好奇的事

④ 把話題拋給旁聽者

在團體聊天中，不必勉強自己說話

一群人的聊天，說話的重要性反而會下降

在多人對話裡，說話的重要性會下降一些。

這是為什麼呢？

談論自己最主要的目的是擺脫「搞不懂的人」這個形象，來獲得別人對你的安心感與親近感。

不過，當人數一增多，就算安心感較少也可以聊得很順利。

在一對一聊天裡，「搞不懂的人」這個標籤會直接影響對方與你交談的困難程度，但在多人聊天裡，隨著人數的增加，對方從你這裡受到的影響就會越小。

如果成員中有比較親近的人，說話者就可以用跟平時差不多的語氣說話。

此外，在多人聊天的環境中，很少會深入聊到個人隱私的內容。這是因為隨著注視自己的目光變多，人們就越不想「暴露自己的事情」。

當然，這會根據成員之間的親密程度而有所不同。例如，在大家都是初次見面的場合，就會以分享興趣、工作、出生地等個人背景或「今天怎麼會來參加？」等輕鬆的閒聊為主。

「其實我……」這種自我揭露的話題開頭，基本上不會出現。

如果話題本身並不複雜，就沒有必要讓其他人深入了解我們的人物性格。

即使話不多，也可以透過做反應或提問表現出**「我想和大家聊聊」、「我對你說的事很感興趣」，其他成員自然會很放心地跟你交談。**

如果協助他人，發言的機會自然就會出現

當然，說話也是成為好聽眾的一種方式，所以在多人場合應該適度地主動開口。

當你想要發言時，不必忍住。

然而，如果所有成員都是初次見面，或是大家都比你年長，有時候會感到畏縮不前、無法好好說話也是難免的。

在這種情況下，你可以告訴自己「不需要勉強自己說話」，專心當一個聽眾就好了。

就算你沒有機會主動開口說話，只要是能幫助大家開開心心聊天的人，大家都是很歡迎的。遲早會有人把話題拋給你，向你提問：「那你呢？」

當一個好聽眾，輪到你當說話者的機會自然會增加。

第 3 章

好人緣必修課，參與聊天的傾聽技巧

養成不破壞氣氛的態度

用這種態度傾聽是NG的

從本章開始，我們將進入攻略多人對話的具體技巧與訣竅的環節。

首先，要學習的第一件事是「傾聽時的態度」。

不擅長聊天的人往往只注重「要說什麼」，但「要以什麼態度傾聽」其實也同樣重要。

當你身處多人對話的環境中時，採取的是怎樣的態度呢？

請你回想一下。

- 聽到很厭倦，面無表情。
- 沒機會說話，低下了頭。
- 覺得無聊，打開手機。

你是否會因為無法融入小圈圈就擺出這樣的態度呢？

其實，就是這種態度會令周圍的人覺得「他不想聊嗎？」「他心情不好嗎？」把氣氛弄得很難聊下去。

請記住，你的任務是「讓每個人都能聊得開開心心的」。

那要用什麼態度傾聽是最好的呢？

保持笑容看著說話的人

既然不能「面無表情低著頭」，那就反其道而行吧。

沒錯，就是**「帶著笑容看著說話的人」**。

就算話題聽起來沒那麼有趣，但營造出一種「我很享受現在這個場合」的氛圍是很重要的。

這麼一來，周圍的人自然會察覺到「這個人是想參與對話的」，你也就更容易被小圈圈所接納。

比起「搞不懂的人」，人們更喜歡「容易理解的人」。

如果你想參與對話，就用態度表達出你的心意吧。

以「微笑」作為基本表情

善用微笑營造出輕鬆交談的氛圍

隨著在場的人數越多，就越難深入談論「只能在這裡講的祕密」或「重大的個人煩惱」。

所以多人對話時，大多數時候聊的都是可以放鬆閒聊的話題，像是喜歡的旅遊地點或最近沉迷的事物。

這時候，臉部表情也別忘了放鬆一下。

聊天時的基本臉部表情是**「笑容」**。

不過，老是笑咪咪的似乎會讓人覺得毛骨悚然，所以嘴角微微上揚的微笑就夠了。

不僅如此，即使戴著口罩也要保持微笑。

「戴著口罩又看不到嘴角，哪有意義啊。」有的人可能會這樣想。但確實有些地方變化是很大的，那就是眼睛和聲音。

嘴角上揚的時候，眼尾就會下垂，讓你的眼神看起來更柔和。

面帶笑容時發出的聲音被稱為「笑聲」，語氣自然會變得明亮，能給人一種很愉快的印象。

當說話者講了一個笑話，或是其他聽眾做出了尖銳的吐槽時，就是該笑的時候，好好地放聲笑出來吧。這麼一來，說話的人會切身感覺到「大家覺得這個好笑！」心情因而變得更好。

如果你不確定笑的時機，**在別人笑的時候跟著笑就可以了**。

千萬不要小看臉部表情帶來的影響

心理學中有個著名的法則，稱為「麥拉賓法則」（The Rule of Mehrabian）。相信很多人都聽過，但我在此簡單解釋一下。

心理學家艾伯特・麥拉賓（Albert Mehrabian）針對「在人際溝通中，當人們表達情緒和感受時，別人會根據哪些資訊來決定印象」進行研究。

結果如下：

- 視覺訊息（外表、動作、表情、眼神）……55％
- 聽覺訊息（音量、語速、語氣）……38％
- 語言訊息（說話的內容）……7％

換句話說，**外表給人的印象影響最大**。

「說話內容只占七％？騙人的吧？」你可能對此有所懷疑，但請你仔細想想。

當你在職場上指出後輩犯下的錯誤時，對方嘴巴上說著「謝謝你的指教」，但表情和語氣都一副很不高興的樣子，你會有什麼感覺呢？

「他根本一點都不感謝吧！」想必大多數人應該都會這麼覺得。

就像這個例子一樣，如果表情能夠傳達出真實感受的話當然很好，但問題在於面無表情而無法表達真實感受的時候。

無論你多麼享受當下的時刻，如果是面無表情，別人就很容易誤會你是不是覺得很無聊。

這麼一來，聊天就無法聊得很熱絡了吧。

因此，我會一而再，再而三地強調這一點——人們對於「搞不懂的人」是敬而遠之的。

如果你想擁有順暢的溝通，就學著用臉部表情來表達當下的感受吧。

任何人都可以擁有自然的笑容

有些人可能會說，「我討厭自己尷尬生硬的笑容，所以都盡量不笑。」其實，笑容是可以透過努力改善的。

笑容會變得僵硬，最主要原因是臉部的表情肌變疲弱了。微笑是一種很難做出的表情，因為抬高嘴角和壓低眼尾需要運用到整張臉部肌肉。如果平時不常使用表情肌，就很難自然地笑出來。

那要怎麼做才能鍛鍊表情肌呢？

當然就是「**肌肉訓練**」了。**當你在家看電視或泡澡時，試著露出誇張的微笑，然後一直保持這個笑容，直到撐不下去為止。**

剛開始光是維持三十秒都可能會讓你感到臉部痠痛，但如果持續練習一個月，痠痛感應該就會逐漸減輕了。

這時，就代表你已經學會了自然的微笑。

在我深受社交溝通障礙苦惱的時期，我的表情肌非常疲弱，輕輕一笑臉頰就像要抽筋似的一顫一顫，所以我一直很討厭自己僵硬緊繃的笑容。

自從我堅持每天鍛鍊表情肌之後，現在要做出自然的微笑簡直易如反掌。

「我以前有很嚴重的社交溝通障礙，甚至連笑都不知道怎麼笑。」現在當我這麼告訴初次見面的人時，總會得到很令人高興的回應，「完全看不出來耶，你現在笑得很自然呢。」

所以請放心，即便你是不擅長微笑的人，只要經過訓練一定會有所改變。

傾聽就是做出反應，給足安全感

什麼樣的人算是好聽眾呢？

不擅長說話的人是不是都曾經想過「要努力當個好聽眾」呢？

但實際挑戰過後，發現一對一對話的時候對方沒有聊得很開心，人數一多又只能當個旁聽者。

「想要討人喜歡，果然還是只能成為說話有趣的人。」我想很多人都會受困於這個既定印象。

有這種想法的人可能誤解了「好聽眾」的意思。

在我開設的「傾聽技巧課程」開頭，我通常會做一個小測驗，其中有道問題將近九成的學生都會答錯。

「用一句話來形容善於傾聽的人，就是能夠傾聽並理解對方說話內容的人。○還是×？」

答案是×。

理解對方說話的內容當然是必要的，但只要是用同一種語言交談，幾乎不會碰到語意不通的情況。如果有這樣的情況，那也是說話者的問題。

換句話說，**光是理解對方所說的內容是不夠的**。

如同第2章中提到的，重要的是你的反應。

簡單而言，一個好的聽眾就是「反應好的人」。

好的聽眾是反應好的人

為什麼反應很重要呢？

原因很簡單。

- 我說話的時候，不確定對方有沒有認真在聽。
- 我說話的內容，不確定對方有沒有興趣。

和這樣的人聊天，精神上是很疲憊的。

好不容易試著搭話，卻沒有得到任何反應，任何人遇到這種情況都會感到焦慮，「他真的有認真在聽嗎？還是因為不感興趣，所以才沒什麼反應？」結果可想而知，對話就會逐漸冷場。

如果是多人對話的場合，說話者就只會朝向有做出反應的其他聽眾說話。

無論你有多麼專注地傾聽對方說話，如果沒有把這份誠意傳達給對方，那就沒有意義。

努力成為一個能透過反應傳達出「我有認真在聽你說話喔」、「我現在的感受是這樣的」善意訊息的人吧。

此外，如果能做出好反應，還有另一個好處。

就算是聽別人聊天，也會很開心。

就像在心情低落時強迫自己笑一笑便能稍微改善一樣，行動具有引導情緒的力量。

所以即使是同樣的事，如果你可以在傾聽時饒有興致地做出反應，例如：「是喔！」「這樣啊！」聊起天來會更有趣。

每個人在開心的時候都會變得很健談。

相反的，百無聊賴的時候連話都懶得說。

如果自己能保持心情愉快，即便是在多人場合，說起話來也會很輕鬆。

做反應的訣竅在於消除他人的不安

我前面提過，想成為好聽眾，做反應很重要。但問題在於「該做出什麼樣的反應」。

訣竅就是**「消除說話者的不安」**。

人們在談論自己的事情時通常會感到愉悅，但如果處於某種不安的狀態，就很難放鬆說話。而所謂的不安有以下三種：

❶別人會不會假裝沒聽到？

❷別人會不會覺得很無聊？

❸我的想法會不會被否定？

如果想成為一個討喜的聽眾，建議將以下幾種消除不安的回應方式牢記起來，並付諸行動。

我推薦大家使用的是「催促」、「驚訝」、「認同」這三種反應。

接下來我會按照順序一一解說。

必修課
①

催促型反應的訣竅

催促型反應的代表性範例

❶表達自己有認真在聽的附和

（例）「是啊」、「對啊」、「嗯」、「是喔」、「這樣啊」等。

【使用範例】

說話者：「對了，昨天啊。」

你：「嗯嗯。」

說話者：「我去了附近的購物中心。」

你：「是喔。」

說話者：「然後啊……」

❷催促對方繼續往下說的附和

（例）「然後呢？」「怎麼樣？」「比如說？」等。

【使用範例】

說話者：「今年夏天我有很多想做的事情。」

你：「這樣啊。比如說什麼樣的事呢？」

❸用疑問句重複對方說的話

（例）「你是說〇〇嗎？」

【使用範例】

說話者：「昨天發生了一件非常令人震驚的事……」

讓話題持續下去的三種催促型反應

①表達自己有認真在聽的附和

「是啊」、「對啊」、「嗯」、「是喔」、「這樣啊」等。
催促型反應想傳達的訊息就是「我有在聽，接著往下說吧」，讓說話者可以放心地繼續講自己的話題。

②催促對方繼續往下說的附和

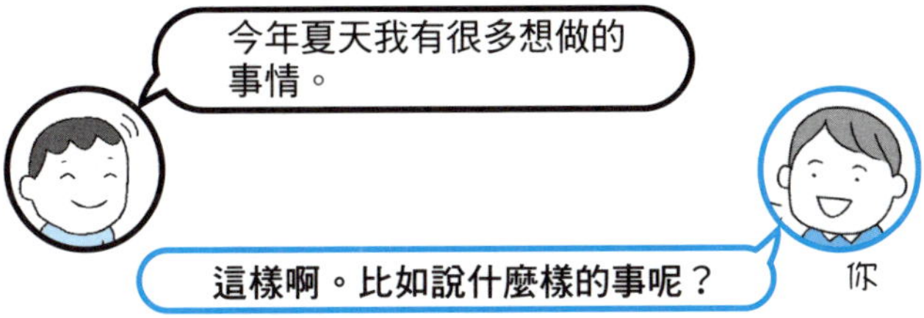
今年夏天我有很多想做的事情。
這樣啊。比如說什麼樣的事呢？
你

③用疑問句重複對方說的話

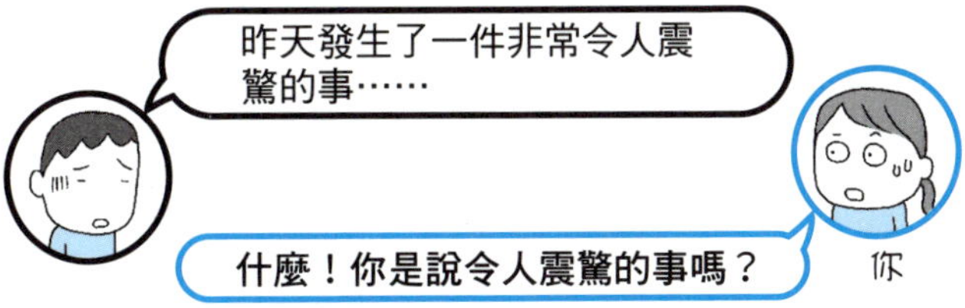
昨天發生了一件非常令人震驚的事……
什麼！你是說令人震驚的事嗎？
你

POINT

對話的開頭尤其重要，
在對方發言後最好緊接著做出簡短的附和反應。

你：「什麼！你是說令人震驚的事嗎？」

催促話題繼續往下說的效果

催促對方的話題繼續往下說的行為能傳達出令人放心的訊息，「我有在聽，接著往下說吧。」這種反應和假裝沒聽見完全相反，因此說話者可以放心地接著講自己的事。

從性質上來說，在話題開頭或鋪陳笑點的過程中，這是應該率先使用的反應。

對話的開頭尤其重要。

當說話者開始說「說到這個……」時，要馬上給予「是」或「嗯嗯」等簡短的附和。這是一個非常小的細節，但這種微小的差異就是被區分成「好聊的人」和「難聊的人」的關鍵分歧點。

必修課②

驚訝型反應的訣竅

驚訝型反應的代表性範例

❶做出驚訝的附和

（例）「咦！」「哇！」「真的嗎？」「真的假的！」

【使用範例】

說話者：「我昨天接受了街頭採訪。」

你：「哇！」

❷用驚訝的語氣重複對方說的話

（例）「你是說〇〇嗎！」「〇〇喔！」

【使用範例】

說話者：「這雙球鞋溢價定價㊟要三萬日圓耶。」

你：「三萬日圓嗎！」

對話題感到驚訝的效果

驚訝的反應傳達的訊息是：「你的話題出乎意料且令人興奮！」這樣的反應也意味著「出乎意料＝有趣」，具有消除說話者對「別人會不會覺得我很無聊……」心中不安的效果。

也許有些人會覺得，「動不動就大驚小怪感覺很遜耶。」

無論我們說什麼，有些人的態度總是一副無所謂的樣子，「嗯嗯，也是有這

消除說話者不安的
兩種驚訝型反應

①做出驚訝的附和

我昨天接受了街頭採訪。
哇！
你

（例）「咦！」「哇！」「真的嗎？」「真的假的！」……

②用驚訝的語氣重複對方說的話

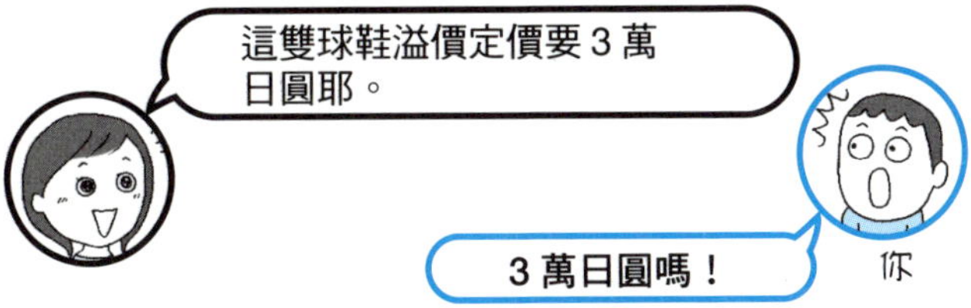
這雙球鞋溢價定價要 3 萬日圓耶。
3 萬日圓嗎！
你

驚訝型反應傳達的訊息是：「你的話題出乎意料且令人興奮！」這樣的反應也意味著「出乎意料＝有趣」，具有消除說話者對「別人會不會覺得我很無聊……」心中不安的效果。

POINT 雖然是驚訝型反應，但不需要做出誇張的過度反應。

種事。」跟這種人聊天一點意思都沒有。

就算別人覺得自己很無知也沒關係呀。哪怕只是一點小事，聽眾做出驚訝的反應，能讓說話者感覺自己像是主角，可以更自在地說話。

話雖如此，也沒有必要做出過度誇張的反應。

過度反應會給人留下「做作」（＝不知道真實想法）的負面印象。

稍微驚訝的反應就能表達出你的感受了，只要自然不造作就好。

㊟：溢價定價（premium price），針對高品質、稀少或有品牌的產品與服務刻意拉高價格，以提高買方的好感度。

必修課
③

認同型反應的訣竅

認同型反應的代表性範例

❶做出肯定的附和

（例）「我懂！」「你說得對！」「確實！」「不錯耶！」

【使用範例】

說話者：「這個時期都不知道衣服該穿多厚才好。」

你：「對啊，太陽下山後又會突然變冷。」

說話者：「週末我要和家人一起去泡溫泉。」

你：「是喔，很棒耶！」

❷認同對方的人物性格

（例）「你是個很〇〇的人呢。」

【使用範例】

說話者：「我每天都會用手機記帳。」

你：「那你是很細心的人耶。」

❸替對方說出感受

（例）「那也太〇〇了。」

【使用範例】

說話者：「部長昨天又逼我加班……」

你：「哇！那也太討人厭了吧。」

讓話題持續下去的
三種認同型反應

①做出肯定的附和

（例）「我懂！」「你說得對！」「確實！」「不錯耶！」

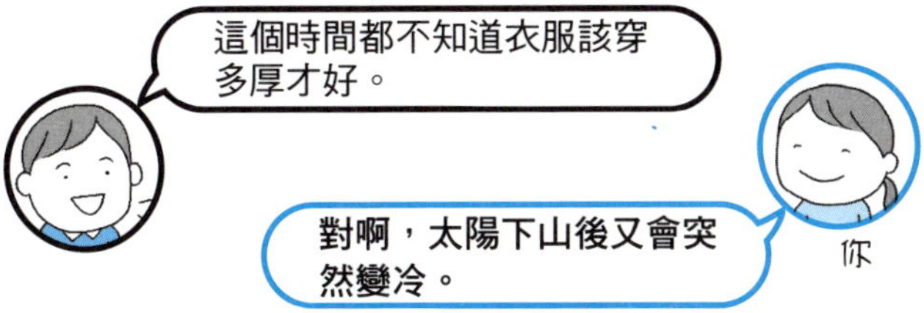

這個時間都不知道衣服該穿多厚才好。
對啊，太陽下山後又會突然變冷。
你

②認同對方的人物性格

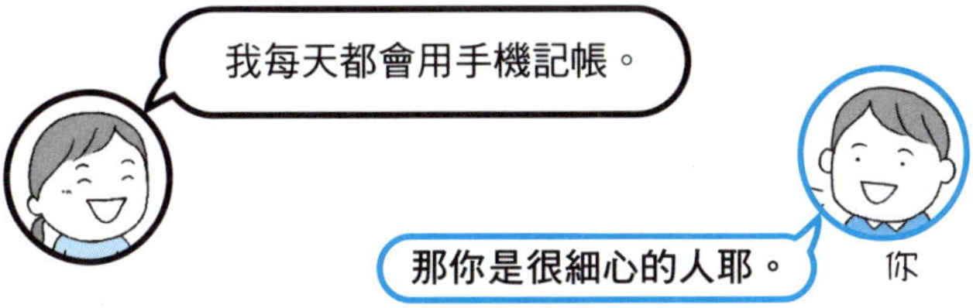

我每天都會用手機記帳。
那你是很細心的人耶。
你

③替對方說出感受

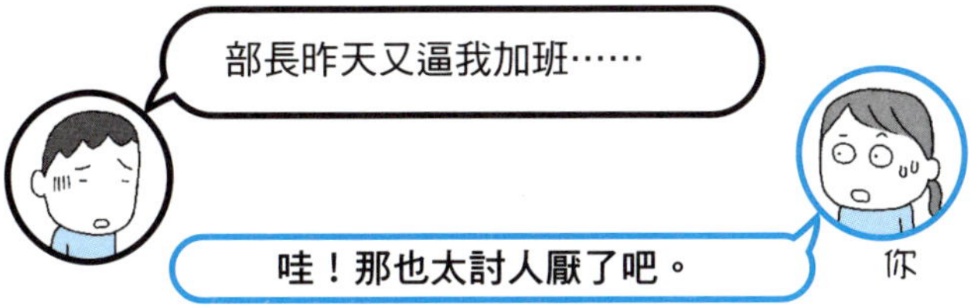

部長昨天又逼我加班……
哇！那也太討人厭了吧。
你

認同想法和感受的效果

每個人都害怕被否定。尤其是在初次見面的人或不熟的人（＝搞不懂的人）面前，不曉得對方是否會友善地對待自己，這會讓人變得焦慮，很難表達出自己的真實感受。

越是這種情況，我們越要率先做出正面的反應給對方。

認同對方的想法和感受可以傳達出「我很尊重你」的訊息，跟否定是完全相反的反應，這種反應具有消除焦慮並讓對方更加健談的效果。

隨著認同的反應次數增加，對方更能意識到「這個人對我很友善」，就會比以往更加敞開心房。

以「共感」理解他人的感受，取得信任

「我懂！」並不是共感

「要成為一個好聽眾，共感是很重要的。」

我想大家應該都聽過這樣的話吧。然而，「共感」這個詞很特殊，每個人對於這個詞也有著不同的認知。

大多數人想像中的共感可能是以下這樣的。

說話者：「星期一的早上真的很提不起勁耶。」

你：「對對對，我懂！」

的確在很多時候只要說「我懂！」，對方就會覺得「我跟這個人也許合得來」，進而產生一種親近感。

但我們不可能面對所有話題一律用「我懂！」來回應。

說話者：「我花三萬日圓買了一雙鞋，結果穿了腳超痛，昂貴的鞋子真是中看不中用。」

你的內心：「難道不是因為尺寸不合嗎……」

一來一往的對話間，這種想法上的差異會經常出現。為了成為善於共感的人，難道不惜睜眼說瞎話也要說「我懂」嗎？

當然沒有必要做到這種程度，假裝理解的行為反而有很多缺點。昧著自己的真實感受撒謊，痛苦的人也是你自己，一旦對方覺得「你只是在迎合我而已」，反而有失去信用的風險。

看到這裡，你可能會想：「那共感好像沒什麼機會派上用場耶。」不是這樣的。**其實所謂的「我懂！」不是共感，而是一種「同感」**。「同感」只有在自己也抱持相同意見時才能使用，但共感就不是這麼局限的東西。即使對方的想法與你完全相反，你還是可以感同身受。

這是因為「共感＝表示理解」。

用「那也太〇〇了」來表現出你的理解

認同型反應中，有一種反應是「替對方說出感受」，這就是共感。

以前面的例子來說，

說話者：「我花三萬日圓買了一雙鞋，結果穿了腳超痛，昂貴的鞋子真是中看不中用。」

你：「這樣啊，好不容易買了雙好鞋，實在太可惜了。」

就會像這樣。

真正的共感是透過替對方表達「你的感受是這樣的吧」或「你是這樣的人吧」，來表示你理解對方的行為。

即便你無法有所同感，如果能說句「那應該很辛苦吧」等表現出共感的話，對方就會產生「這個人懂我！」的念頭，比以往更加信任你。

面對無法同感的話題（時刻）你可以做到將心比心的共感

「我懂！」並不是共感

「我懂！」不是共感，而是「同感」。同感只能在你與對方意見相同時使用，但即使意見觀點完全相反，也可以充分運用共感。

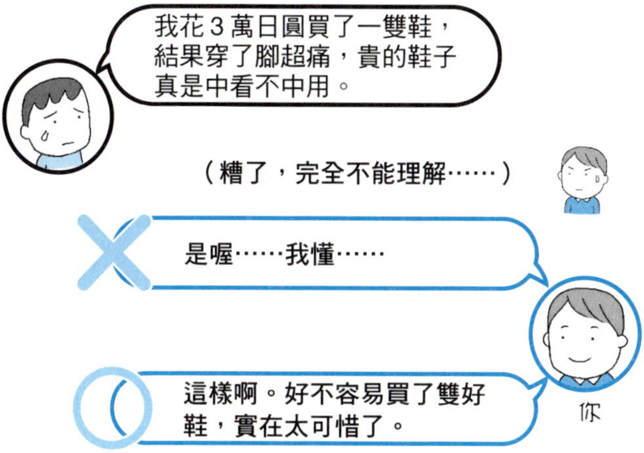

我花 3 萬日圓買了一雙鞋，結果穿了腳超痛，貴的鞋子真是中看不中用。
（糟了，完全不能理解……）
是喔……我懂……
這樣啊。好不容易買了雙好鞋，實在太可惜了。
你

就算無法有所同感，只要替對方表達感受並表現出理解，對方就會覺得「這個人懂我」，比起以往更願意敞開心房。

真正的共感＝

替對方表達感受並表現出理解

掌握共感的訣竅，做到真正的善解人意

試著想像一下對方的感受

對於至今為止沒有共感過的人來說，剛開始可能很難清楚地表達出來。

善於共感的訣竅在於「想像對方的感受」。

「有一個包包我已經找了三個月，昨天終於在拍賣網站上找到了！」

這個時候對方會是什麼樣的心情呢？試著想像看看吧。

當你想像不太出來時，不妨回想自己有過的類似經歷，例如，好不容易抽中喜歡的藝人演唱會門票。

一旦掌握了可以用來判斷的材料，即使你不曾花好幾個月只為了找到一個心心念念的東西，也可以揣摩出這是一種無法用「高興」兩個字來形容的最高級喜悅。那麼試著轉換成語言吧。

「你的內心一定很激動吧！」就像這樣共感對方的心情。

說話者：「職場的新人老是教不會。」

你：「這實在很傷腦筋耶。」

說話者：「重要的工作終於告一段落了。」

你：「太好了，那真是鬆了一口氣呢。」

如果你能以這種方式用心理解對方的感受，作為一個善解人意的聽眾，你將獲得他人的巨大信任。

在多人數的情況下，你可以做到共感就能脫穎而出

在掌握訣竅之前，共感不是一件容易的事，所以能做好這件事的人也不多。如果你能稍微學會一些皮毛，對於成為一個討喜的好聽眾大有幫助。

不僅是在一對一的對話，在多人對話中，這也是能讓你接近頭號聽眾寶位的強大武器。

在多人聊天時，大多數人傾向把注意力放在自己的發言上，往往會忽略傾聽的部分。也有不少人只會說「是喔」、「這樣啊」簡單附和幾句就帶過。

在這種情況下，如果你拋出一句「那很令人期待耶！」或「那真是太震驚了……」會怎麼樣呢？

掌握共感的關鍵

善於共感的訣竅在於「想像對方的感受」

職場的新人老是教不會。

× 那教的人應該也有問題吧。

○ 這實在很傷腦筋耶。

你

多人對話的訣竅

在多人聊天時，大多數人會把注意力放在「自己要說的話」上。如果目標是至少要成為二號聽眾，簡單附和幾句是不夠的。在這種情況下，你可以說「那很令人期待耶！」或「那真是太震驚了……」之類的話來表達共感。收到積極反應的對方，自然就會朝著你說話了。

POINT 養成思考對方感受的習慣。

「對啊！然後啊……」說話者肯定會意氣昂揚地接著說下去。

當說話者開始談論個人生活的私事時，「對方現在是什麼感受？」養成在傾聽的同時也持續思考對方感受的習慣吧。

第 4 章

聊到欲罷不能！讓聊天更愉快的提問祕訣

提問的三大優點

用提問讓對話輕鬆延續下去

當你習慣在傾聽時做出反應後，就可以開始穿插一些問題了。

通常你問了一個問題，對方會接著談論，那你就不需要努力說話了。如果你想成為能迅速讓對話進行下去的人，這是一招非常有用的技能。其實我也是在有意識運用提問以後，才覺得這讓對話持續下去變得輕鬆許多。

當然，在多人對話中，提問也是很好用的方法。

在學習具體的訣竅之前，我們先來看看提問的優點吧。

優點① 增加自己作為聽眾的存在感

提問雖然不會講到自己的事情，但這是一個很好的發言。和那些只會附和的人相比，完全是不同層次的。提問的行動可以向周圍的人表明「我正在積極參與對話」。

當說話者要回答問題的時候，目光會轉向哪裡呢？那當然是提出問題的人（＝你）了。換句話說，**當你提出問題的時候，就無條件成為頭號聽眾了**。提問的分寸拿捏得當，你的存在感就會增加，作為聽眾的排名也會向上提升。

一般而言，當說話者的目光轉移到你身上，你自然而然也能集中注意力在對話上。但在多人對話中，無論你多麼努力地做出反應，只要說話者沒有把目光放在你身上，注意力無法集中是難免的事。

透過提問來創造獲得關注的機會，直到對話結束你都不會感到無聊。

優點② 控制話題的走向

我們可以運用提問來控制話題的走向。

例如，如果有人說：「我是做服飾業的。」而你剛好也喜歡服裝時尚，就可以提問：「那今年流行什麼衣服呢？」藉此聽到最新的潮流資訊。

若是你對服裝時尚不感興趣，則可以改問：「有沒有遇過很麻煩的客人呢？」那麼，想必就會聽到一些奧客的趣聞故事。

換句話說，我們可以**巧妙透過提問，把話題帶到自己感興趣的事情上**。

當然，在聊天過程中強行改變話題的走向是不禮貌的，但假如已經聊到一個段落的話就沒關係。也就是說，如果好好運用提問的力量，就能夠比現在更享受對話。

優點③ 促使說話者對你的好感度提升

提出問題也能讓說話者高興。

從對方立場來看，應該很快就理解原因了。難得在說話卻沒人向自己提出問題，那肯定是有點落寞的。

「是不是對我說的話不感興趣呢……」乏人問津的聊天氣氛會讓人忍不住自我懷疑，說話的動力也會跟著下降。

「提問」這個行動會表現出聽眾對聊天內容是非常有興趣的，彷彿是在對說話者暗示：「再多講講你的事吧！」

「愛的反面不是恨，而是漠不關心。」就像德蕾莎修女的名言，誰都無法忍受沒有人對自己感興趣的情況。

提出問題並表現出很好奇的態度，可以讓你得到其他成員的好感。

隨時能輕鬆使用的「資訊提問」

挖掘資訊的5W1H系列問題

「我本來是為了健康才開始慢跑，但跑著跑著就跑出樂趣來了。」

如果是你，會問這個人什麼問題呢？

「你都是在幾點跑步呀？」

「你一次都跑幾公里呀？」

「你通常是在什麼地方跑步呀？」

我想很多人都會問這一類的問題。
用這種方式挖掘情報或確認事實的問題稱為「資訊提問」。
也就是所謂的5W1H系列問題。

- When：何時？
- Where：哪裡？
- Who：誰？
- What：什麼事？
- How：怎麼做？

除此之外，還有這種類型的問題。

- How many：數量多少？
- How much：多少錢？

為了方便起見，我寫成5W1H系列，但因為「Why」（為什麼？）不屬於情報資訊，所以排除在外。

盡量避免無意義的資訊提問

資訊提問最大的優點在於「可以輕易做到」。

作為一個提問方（我），只要找出5W1H中缺少的東西，任何人都可以輕易做到。

而作為回答方（說話者），比起突然被問到尖銳的問題，這些簡單的問題更容易回答。

以資訊提問拿來作為對話的開頭，非常有用。

先從挖掘感興趣的情報資訊來暖場一下，是很不錯的方法。

但如果老是使用資訊性的提問，對話就很難熱絡起來。

「你什麼時候去的呀？」

「跟誰去的呀？」

「這要多少錢呀？」

這種提問根本只是在盤查而已。

我從來沒見過有人會樂意像這樣被盤查的。面對一連串的資訊提問轟炸，任誰都會懶得回答。

而且，你和其他人聽了一大堆情報資訊，也會覺得沒意思吧。

就算是要用提問來延續對話，但明顯是要拖延時間的問題只會讓氣氛逐漸冷掉。因此，請盡可能避免無意義的提問吧。

那麼，什麼樣的問題可以炒熱氣氛呢？

答案就是**不要關注資訊細節，而是要關注「人」**。

迅速拉近關係的「人格提問」

熟悉提問模式後，就把問題的焦點放在人物性格上

著重於對方的人物性格所提出的問題稱為「人格提問」。

「人格提問」是什麼樣的問題呢？我認為實際看過以後會更容易掌握概念，下面就以剛才關於跑步的話題為例，列舉出幾個問題。

「我本來是為了健康才開始慢跑，但跑著跑著就跑出樂趣來了。」

「什麼地方讓你覺得特別有樂趣呀？」
「慢跑持續到現在有什麼變化嗎？」
「是什麼契機讓你決定要慢跑的呢？」
「跑步的時候有在想什麼嗎？」
「那你有想過以後要挑戰馬拉松嗎？」

大家覺得如何呢？和只是確認事實的資訊提問相比，這樣的問法更能延伸話題吧。沒錯，只要是跟人有關的事情，都屬於可以投入關注的範圍，例如：

- 開始慢跑的「動機」
- 從中找到樂趣的「價值觀」
- 對方持續做這件事的過程中發生的「趣聞」

諸如此類的方向，這樣大家應該理解如何從不同角度提出問題了吧。

透過「人格提問」深入了解對方

運用「人格提問」可以挖掘出「這個人獨有的」故事，比起從頭到尾使用「資訊提問」，更能享受傾聽的樂趣。透過更深入了解說話者的人物性格，你應該會感受到比以往更強烈的親近感。

作為回答方（說話者），也會很高興大家關注的是自己這個人，而不是那些資訊相關的內容。這是因為人們天生就渴望「被關注」、「被另眼相看」。拋出「人格提問」可以滿足這些渴望，人與人之間聊起天來會更加自在。

因此，**「人格提問」是一種可以活絡氣氛的起爆劑，是相當重要的技能。**

在對話的一開始，可以先從資訊提問問起，一旦對話進展到一定程度，時機成熟了，就能運用「人格提問」來挖掘出「這個人獨有的」故事。

「資訊提問」與「人格提問」

資訊提問（5W1H）＝挖掘出對方的情報資訊

優點：方便（易於使用）
缺點：過度使用會無法炒熱氣氛

很容易想到問題，回答的人也覺得簡單又輕鬆。但要是連續問太多問題又很像在盤查。要留意盡量避免提出拖延時間的問題。

人格提問＝著重於人物性格

優點：可以熱絡對話與氣氛
缺點：不夠熟悉的話會想不到問題

著重在「人」身上的提問。你可以挖掘出這個人獨有的故事，更深入了解對方，也更容易感受到親近感。

構思「人格提問」的三個訣竅

對於至今為止只會使用資訊提問的人來說，在熟悉新的問法以前，你可能會因為想不到恰當的「人格提問」而苦惱。

比起只需要填空的5W1H資訊提問，的確有些訣竅是需要掌握的。

分別為以下三點：

❶捕捉關鍵詞
❷追溯過去
❸激發情緒

接下來，我將按照順序一一解說。

提問的
訣竅①

捕捉關鍵詞

不要錯過突顯人格的關鍵字

「說到這個，上星期我和我弟一起去了迪士尼樂園。」

如果一位三十多歲的女性說出這樣的話，你會問她什麼問題呢？

順帶一提，這是我的課程班上一位女性分享的故事，現場男性學員聽了，紛紛提出：「妳搭了什麼遊樂設施呀？」「妳常常去迪士尼樂園嗎？」這類只專注在迪士尼樂園上的問題。

迪士尼樂園的確是一個可以深入討論的關鍵字。

但你有沒有注意到這句話裡還夾雜著更多有趣的關鍵字呢？

那就是「弟弟」。

三十多歲的女性和弟弟兩個人一起去迪士尼樂園，大家不覺得是一件滿罕見的事嗎？

遇到這種情況時，我會建議大家針對這個特點深入探究，像是「和弟弟兩個人一起去嗎！你們感情很好耶。」「你和弟弟經常一起出門嗎？」等。

而且我自己也真的很好奇，於是就這麼問了。她笑著說：「只是因為我們兩個都沒什麼朋友，如果要去那些很難一個人去的地方就會叫他陪我。」

想要挖掘出對方獨有的故事，不錯過任何一個該深入談論的關鍵字是很重要的，就像這個案例的「弟弟」一樣。

令人在意的詞語就是深入探究的關鍵

哪些詞語會成為關鍵詞呢？

- 登場人物
- 名詞
- 感受
- 數字（次數、個數、頻率、金額等等）

這幾項都是值得關注的重點。

「我本來是為了健康才開始慢跑，但跑著跑著就跑出樂趣來了。」以前面那句跑步的話題為例，這裡的關鍵字就會是「慢跑」和「有樂趣」。

對於不擅長運動的人來說，就算聽見「跑著跑著就跑出樂趣」，心裡也會覺得有點不對勁，「跑步那麼累，哪有什麼樂趣啊！」但就是這個！**不尋常的地方＝值得深入談論的地方**。

「跑步有那麼好玩嗎？」如果你坦率地提問，就能聽到一個對你而言完全陌生領域的故事，見識到不同的世界。

「人格提問」的訣竅

①捕捉關鍵詞

上星期我和我弟一起去了迪士尼樂園。

迪士尼樂園	迪士尼	弟弟	週末

從幾個關鍵字中選一個，並深入挖掘這個關鍵字。

和弟弟兩個人一起去嗎？你們感情很好耶！你們姐弟經常一起出門嗎？

你

其實只是因為我們兩個都沒什麼朋友，如果要去那種很難一個人去的地方就會叫他陪我。

留意「登場人物」、「名詞」、「感受」、「數字」等，針對你在意的重點深入詢問。

提問的訣竅②

追溯過去

了解過去就會產生親近感

想挖掘出一些趣聞，就追溯過去，聽聽對方的故事吧。

「這麼做的契機是什麼呢？」是一個經典不敗的問題。

「你轉職到現在的公司是有什麼契機嗎？」
「是什麼契機讓你開始學吉他？」
「是什麼契機讓你有了想去加拿大旅行的念頭呢？」

這類型的問題適用在任何話題上，有很高機率可以聽到對方獨有的經歷與故事，是非常好發揮的問題。

另外，如果是在討論興趣或才藝，甚至可以追溯到童年：「你從小就喜歡○○嗎？」

聽到他人童年的故事，會讓你下意識地對對方產生一種親近感。

例如，試著問問你不擅長相處的上司：「你從小就喜歡棒球嗎？」

「我小學的時候總是全家人一起看電視上的棒球比賽轉播。有一次爸爸帶我到東京巨蛋看現場比賽，直到現在我都還記得當時那股激動興奮的心情。」

「哇，原來這個人有過一段這麼可愛的時期啊。」聽到這樣的分享，多少會產生這種看法吧，如此一來，你對上司的排斥也會少一些。

人生如戲，越聽越起勁

「試著對他人產生興趣吧。」

閱讀這類人際溝通技巧的書籍時，經常會發現書中寫著這樣的建議。

確實，比起對他人毫無興趣，如果對人抱有些許興趣，更有利於保持對話的進行與流暢。

說到這裡，我想很多人的內心想法應該是：「就是因為完全提不起興趣才傷腦筋啊！」

越是那樣想的人，**我越建議你去挖掘對方的過去**。

然後你就會意識到一件事。

每個人的人生都是一齣戲。

眼前的這個人，在你的人生中或許只是一個出場戲份僅有一小時的配角。不過，對方也有自己的人生，而他（她）就是自己人生的主角。活了幾十年的人生，其實有很多事情只能告訴特定的人，親身感受這一個事實很重要。

因為人們都喜歡聽故事。

這個世界充滿了電影、漫畫、小說，以及富有戲劇性的各種故事，由此可見，人類就是這麼喜歡具故事性的東西。

在日常對話中也是如此。

或許沒有像虛構故事般發生超級戲劇化的事件，但如果能聽到這個人獨有的小故事，相信你一定會比以往更覺得有意思。

提問的訣竅③

激發情緒

人的情緒受到激發，就會開始活潑地說話

你知道人在什麼時候會突然變得很健談嗎？

那就是將積累在心裡的「感受」說出來時。

說話者：「我去買限量的甜點時，剛好買到最後一個。」

你：「最後一個！太幸運了吧！」

當你表現出共感的時候，會讓對方有些得意而想接著說下去：「真的！如果晚個一分鐘我可能就買不到了，我覺得我把整年份的運氣都用完了！」

如果想讓對方聊得開心，就試著說一些能激發他們情緒的話吧。

摸不準對方的情緒時，就問：「你當時是怎麼想的？」

那麼，摸不準對方的心情時該怎麼辦呢？

答案很簡單。直接問本人就好了。

「我在交友軟體上認識了一個男生，結果來赴約的人跟照片上的樣子根本完全不一樣！」

分享這個故事的人，你很明顯能感受到她心裡有很強烈的感觸。

但光看對方的樣子，很難判斷她的反應是單純的「吃驚」還是「被欺騙的憤怒」。

既然這樣，不妨試著問對方：「那麼，見到面的那一刻妳是什麼反應呀？」

接下來，對方肯定會開始大吐苦水，把積累在心裡的不滿一股腦兒宣洩出來：「那當然是很失望啊。雖然我是沒有表現出來啦，但也少不了在心裡抱怨一番，把我的時間和車錢還來！」

想像他人的內心世界

在派對或研討會等初次見面的社交聚會上，對話往往只是在互相分享資訊。

A：「大家放假的時候都在做什麼呀？」

B：「我會去咖啡廳巡禮。」

C：「我是有想要出門啦，但最後還是選擇待在家裡耍廢。」

A：「是喔。我呢，因為家裡孩子都還小，週末都是跟家人一起度過的。」

B、C：「這樣啊～」

這種對話永遠不會加深友誼。

越是這種時候，越要拋出一些能激發情緒的句子。訣竅就是**「想像對方的內心想法」**。

例如，B說：「我會去咖啡廳巡禮。」當她去咖啡廳時，是帶著什麼樣的心情呢？既然是在聊愛好，自然會是「開心」或「雀躍」這種比較正面的情緒吧。

「咖啡廳巡禮很好玩吧？」

「要是發現不錯的咖啡廳，想必會相當興奮吧？」

「尋找下次要去的咖啡廳名單時，心裡應該超期待的吧？」

這時，不妨試著拋出這些句子。

如此一來，對方一定會願意分享更私人的小故事，「對呀！之前我去了橫濱一間西式咖啡廳，外觀和內部裝潢都很可愛，超療癒的。」

負面情緒也能炒熱氣氛

前面是以愛好的話題為例，那如果換成工作的話題呢？要激發什麼樣的情緒才能讓對方說得很起勁呢？

你當然可以選擇激發正面情緒，像是「○○的工作很有意義吧？」但我想更多人抱持的是負面情緒，例如「好累」、「好想休息」、「壓力好大」諸如此類的心情。

不過，很多人都會認為負面情緒是「不能告訴別人的」，所以總是自己憋在心裡。

其實越是負面的情緒，就越希望有人聽自己說。

一旦讓對方說出口，你會發現這種話題蘊藏著一股力量，比明亮正向的話題

深入挖掘人格提問的「激發情緒」

人們變得更健談的時候
＝把內心深處的感受說出來時

首先想像對方的內心世界

↓

拋出激發對方情緒的句子

「應該很〇〇的吧？」
「你說的是△△吧？」

讓對方能夠輕鬆地釋放出心中
壓抑已久的感受（他們想談論的事）

hint

Q：如果不確定對方是什麼感受呢？

A：「那當時你是怎麼想的？」
你可以直接這麼問。

更能活絡氣氛。

比方說，從事服務業的人，平時工作會需要接觸許多客人，一定都有遇過惡劣奧客的經驗。

「那你應該遇過很煩人的客人吧。」如果你拋出這麼一句，他們肯定會很激動地與你分享各種荒唐的奧客故事。

當你的問題有如導火線，引發對話熱烈討論時，那種感覺就像是聽到與自己有關的話題大受歡迎一樣，令人心情爽快。

好好提問很重要，你應該注意的細節

雖然提問是個方便的技能……

正如前面所解釋的那樣，「提問」是個非常方便的技能。

對於不擅長交談的人來說，沒有比這個更令人放心的武器了。

但如果使用不當，可能會達不到你預期的效果，甚至有被別人討厭的風險。

為了防止這種情況發生，**接下來將介紹一些要點，幫助讀者能夠最大限度發**

揮提問的效果。

提問要在對話告一段落後

說話者：「最近我加入了一個健身俱樂部……」

你：「你都做什麼類型的訓練呀？」

這個就問得太心急了。如果有人主動開啟一個話題，那他肯定有什麼話想說。也許他接下來想講的故事是：「櫃台的人一直盯著我看，結果發現那是我的高中同學。」

但如果你用提問強行改變聊天的走向，說話者可能會有點不滿，心想：「這個人都不先聽人把話說完耶。」

在話題說到一個段落之前禁止提問。

妥善運用三種反應認真傾聽是很重要的。

對回答做出反應，是提問者的基本禮儀

儘管已經在話題告一個段落後才提出問題，但對話並沒有變得更熱絡。這樣的人往往會有一個特徵。

那就是**「對回答的反應很薄弱」**。

當你問了一個問題，說話者也回答了以後，你是不是總是隨口回應：「這樣啊？」更嚴重的情況是：

你：「你休假的時候都在做什麼呀？」

說話者：「我喜歡看書，所以我會去書店閒晃。」

你：「除此之外還會做什麼嗎？」

有些人甚至沒有任何反應就接著問下一個問題了。

我想可能只是對對方的回答不感興趣，但對於回答的人而言，認真回答完問題卻得到這樣的反應，任誰碰到這樣的情況，說話的動力都會大幅降低，接下來也不可能會聊得多開心。

仔細回想前面提到的，**「好聽眾＝傾聽反應好的人」**。問完問題後，一定要對對方的回答表現出興趣，

「是喔！喜歡看書很好耶。」

「果然，你的形象就很適合在咖啡廳裡看書。」

請記住，這是提問者的基本禮儀。

訣竅就如同第3章裡所提到的，對於意想不到的故事做出「驚訝型反應」，可以共感的時候則以做出「認同型反應」為主。

有反應的提問才會發揮作用

- 用心聆聽並適時做出反應，直到話題告一段落。
- 對於提問的答覆要做出明確的反應。

提問只有在有反應的時候才會發揮作用。雖然問問題是一種讓對方繼續往下說的技巧，但只是提出問題並不能讓對方滔滔不絕地大聊特聊。

起碼要做到讓聽眾只要做點反應，就能順利融入對話的小圈圈。

就像打電玩遊戲時，必須使用競速破關（以不使用道具或特定限制條件進行遊戲）一樣，我們可以盡量提升反應能力，讓自己在作為一名聽眾而且「不提問」的情況下，也能愉快參與對話。

成為聊天的傳球大師

只有一部分的人聊得很開心，稱不上是好的對話

到目前為止，我主要介紹了幾個當下向說話者提問的技巧。

如果主要的說話者會不斷輪替，只要實踐前面介紹過的訣竅就足夠了。

但有時候（對方並沒有惡意）**某些健談的成員會一直霸占著說話者的角色**，這麼一來，有些人就會像以前的你一樣，只能當個旁聽者，開始感到無聊。

只有一部分的人聊得很開心，就稱不上是一個好的對話。

而你的任務是扮演輔助者，設法讓在場的每個人都能聊得開開心心。

雖然很難平等分配所有人的發言比例，但還是盡可能努力讓每個人都能自在聊天吧。

因此，我希望大家能夠學會的技能是**「傳球」**。

試著問那些不怎麼說話的成員：「那你呢？」

傳球的兩種方法

傳球的方法有兩種模式。

一、詢問其他成員對這個話題的意見

A：「我老公對我說出『妳除了煮飯就沒其他長處了』這種話！」

你：「什麼！太過分了吧……」

A：「對吧？所以我昨天乾脆連飯都不煮了。」

你：「我想他現在應該在反省了啦。那B呢？如果妳老公說這種話，妳會怎麼辦？」

B：「那當然是直接離婚囉（笑）。」

二、拋出同一個話題

C：「我學生時代是田徑社的。」

你：「田徑社嗎！田徑社感覺就很操耶。」

C：「每個禮拜只能休息一天，而且幾乎每個月的六日都有比賽。」

你：「超辛苦的耶……那D有參加什麼社團嗎？」

D：「我以前是管樂社的。」

這兩種情況都只是把別人講過的話題再拋給另一個人而已，很簡單吧。

主動傳球的好處

「為什麼我要為其他人做到這種程度？」你可能會這麼想，但其實主動傳球也能為自己帶來很大的好處。

最大的好處就是，「不必主動說話，也能自然位於小圈圈的中心」。

傳球的角色就像是談話節目裡接待來賓的主持人。

雖然來賓發言的時間比較長，但主持人和純聽眾相比，存在感完全是天壤之別，得到的重視程度也不一樣。

傳球做得好，頭號聽眾的寶座很快就會是你的。

另一個很大的好處是，其他人會很感謝你。

比起聽別人說話，人們更樂於當說話的那一方。

這與擅不擅長聊天無關。

再怎麼嘴拙的人，比起單方面聽別人說話，若能夠適時參與對話，心裡一定會覺得更加充實。

而**傳球這個舉動就是在為別人創造說話的機會。**

對方肯定會很感謝你。

比起霸占著麥克風嘰哩呱啦說個不停的人，懂得傳球的人更討人喜歡。

讓對話和聊天
更愉快的「傳球」

「傳球」＝
讓大家開開心心聊天的「拋話題技能」

優點

①不必主動說話也能自然位於小圈圈的中心
②其他人會很感謝你

方法①詢問別人的意見／方法②向別人拋出同一個話題

我老公對我說：「妳除了煮飯就沒其他長處了呢。」

A

你

哇！太過分了吧。

對吧？所以我昨天連飯都不煮了。

A

我想他現在應該在反省了啦。
那Ｂ呢？如果妳老公說這種話，妳會怎麼辦？

你

那當然是直接離婚囉（笑）。

B

POINT

透過主動傳球，
你不需要說話也能位於小圈圈的中心。

拋出問題，對方卻依然寡言怎麼辦……

確認對方是否願意說話

你：「A你喜歡什麼樣的女孩子呀？」

A：「唔……沒有什麼特別的想法……」

你：「B你是一個人住嗎？」

B：「不是……」

有時候你把話題傳球給比較安靜的成員，對方卻只會像這樣給出句點般的簡短答案。這種情況，很讓人猶豫要不要再接著問下去，對吧。

對方回答得很簡短可能有好幾個原因，但最主要的原因有兩個：

❶不想說話，或是沒有什麼可以聊的題材。

❷想說話但問題很難回答，或是一時接不住突然拋過來的話題。

如果原因是①的話，就不要太深入追問。若是原因②，只要換個問題，對方就很有可能會正常回答了。

為了分辨出是哪一種原因，我們再問一個問題吧。

如果連續幾次都只得到短短一句話的回覆，那最好把話題傳球給其他成員。因為一問一答重複好幾次後，就會破壞整個聊天的氣氛。

或許對方只是剛好不想聊這個話題，也有可能在這個話題上，對方恰巧沒有可以拿來聊的題材而已。

等換到其他話題的時候，再試著傳球給對方吧。

有些人可能因為不擅長聊天，所以換了話題也幾乎不怎麼說話，遇到這種情況，就算氣氛沒有被炒熱，也不會有人怪罪傳球的人。

沒有人把話題拋向自己，只能在一旁當旁聽者的疏遠感是很難受的。

只要有人願意關心一句「那你呢？」，任誰聽了都會感到很開心。

第 5 章

放心暢聊吧！在多人聊天中輕鬆說話的訣竅

不用忍住「我也想講幾句」的心情

當說話者比較有意思，這點你也是一樣的

作為一名聽眾，只要願意協助大家開開心心地聊天，要打入多人對話的小圈圈並不是件難事。

但我想你也會有這樣的念頭：「我不要老是當個輔助者，我也想講幾句啊！」

當然，不需要忍住這樣的心情。

一般來說，比起聽別人說話，人們更樂於當說話的那一方。

這就是為什麼願意帶頭當聽眾的人會討人喜歡，但是「說話的時候很開心」，這點對你而言也是一樣的。如果可以適度當個說話者，你就能更加享受這場對話。

正如我在第2章中提到的，說話也是成為好聽眾的一種方式。談論自己個人隱私的行為被稱作**自我揭露**，而自我揭露具有**「互惠性」**。互惠性指的是接收到他人的善意時，也會希望給予對方同等回報的心理。換句話說，**如果你開始聊自己的事，就可以發揮拋磚引玉的效果，讓其他成員也願意自我揭露。**

即使你擔任的是輔助者的角色，並不代表你必須一直傾聽。**適度說話也是一種很好的輔助方式。**

「雖然我想主動說話，但注視自己的目光一增加，心理上就會產生抗拒而開始猶豫不前……」

我非常能理解這種心情，但如果能善加運用到目前為止分享的技巧訣竅，提升自己作為聽眾的水準，自然就會有更多的發言機會。

一個好聽眾會擁有強烈存在感和極佳好感度，即便不主動開口，也會有人把話題拋過來，問：「那你呢？」

如果你還沒有感受到明顯的變化，就回到上一章再次複習反應和提問的訣竅吧。多實踐幾次，一定會有所成效。

在多人場合主動說話的方法

想主動開口說話，卻總是不安……

成為一個好聽眾肯定會增加你說話的機會，但最終還是取決於別人。如果這個團體都是被動消極或不體貼的人，可能遲遲都不會有人把話題拋給你。

在這種情況下，挑戰一下自己主動開口吧。

說是這麼說，對許多人而言，由自己開啟話題仍是一個不容易的挑戰。

我認為原因有以下幾種：

- 「不知道該聊什麼才好」而感到猶豫。
- 「不確定突然聊這個話題會不會很突兀」而感到不安。
- 「也許其他人也想說話」而有所顧慮。

因此，我想介紹一個方法，即便你有這些心理障礙也可以輕鬆交談。

「在別人講完後，自己也講同樣的話題。」

這是你主動開口說話最簡單的方式。

說話者：「今年的黃金週我要去箱根旅遊。」

你：「你要去箱根喔！那很值得期待耶。」

說話者：「是啊，其實有間美術館我一直很想去……」

（聽完整段話以後）

你：「我啊，黃金週沒有出遠門的計畫，我打算一口氣把買了一大堆的漫畫

全部看完。」

就像這樣。

如大家所見，要領和傳球是一樣的。

只不過是把傳球的對象從「別人」轉向「自己」。

如果使用這種方法，只需要延續上一個人的話題就好了，不必自己準備新的話題，也不用再擔心「現在聊這個會不會有點突兀呢……」這類煩惱。

「搞不好其他人也想發言，還是我就不要說話了……」當你有些顧慮而躊躇不前，這時只要率先傳球就可以了。

如果是四個人在聊天，你可以先讓其他三個人說話，最後再開口：「像我的情況是……」我想大家都會認真聽你說的。

在多人場合
主動說話的方法

推薦方法：「在別人講完後，自己也講同樣的話題。」

今年的黃金週我要去箱根旅遊。
你要去箱根喔！那很值得期待耶。
你
是啊。其實有間美術館我一直很想去……
我啊，黃金週沒有出遠門的計畫，我打算一口氣把買了一大堆的漫畫看完。
你

hint

Q：擔心有其他人想發言的時候該怎麼辦？

A：這種時候，先「傳球」出去。
最後再說「像我的情況是……」就 OK 了。

POINT 把傳球的對象從「別人」轉向「自己」

別當句點王，資訊類的內容很無聊

「資訊情報」會讓人聊不下去

為聊天對話所苦惱的人，本身話就不是很多，在少數的發言機會中也難以自我揭露。

這種類型的人在聊天的時候，常常說的都是「資訊類的內容」。

「今天很冷耶，聽說最低氣溫會降到十度以下。」

「我住在橫濱，從這裡轉乘ＪＲ大概一個小時。」

「我喜歡一部叫做《王者之聲》的電影，這部電影有獲得奧斯卡金像獎喔。」

你平時是不是也都這樣聊天呢？

分享情報當然沒有問題，但如果從頭到尾都是這樣的說話方式，不管你聊了多少，對別人來說，你仍然是個「搞不懂的人」。別人感受不到對你的親近感，聽著聽著也會開始感到無聊。

所以，多聊聊關於你自己的事吧。

行為體現性格，大方分享你的生活趣事吧

作為自我揭露的第一步，最簡單的方式就是分享自己的經歷或平時的行為。

「我超怕冷的，早上醒來起碼要花二十分鐘才能離開被窩。」

「我住在橫濱，工作地點在橫濱，買東西基本上也在橫濱解決，所以我大概半年才會去東京一次。」

「我在家看電影的時候，會把爆米花和可樂放在手邊，然後將房間弄得暗暗的，這樣感覺就像在電影院裡一樣。」

大家覺得如何呢？比起單純談論資訊類的情報，這樣聊天是不是更能流露出一些獨特的人物性格呢？

在表達自己的個性時，相較於只說一句「我很怕生」，具體說出因為怕生所做出的行為，像是「我在路上遇到認識的人，也會假裝沒有注意到對方」，更能讓人有種親近感。

類似這樣的經歷故事和行為模式才是傳達人物性格的基礎。

訣竅是「具體說出」你的經歷或行為

在聊到個人的經歷或行為的時候，盡量具體說明。

因為不夠具體的話題，也就是抽象、模糊的內容很難引起人們的興趣。例如，如果你只說「我假日通常都待在家裡」，是很難想像出你的假日是什麼樣的，畢竟在家裡可以做的事情有很多。想像不出來的話題是很無趣的，最後人們會想：「就算繼續聽下去也沒什麼有意思。」

即使你對自己的口條沒有信心，只要試著「具體說出來」，你的故事一定會讓人留下更好的印象。

這時，我會建議使用數字或專有名詞。

「我不喜歡人潮多的地方，所以假日通常都待在家裡。最近讀了極簡主義的書以後就迷上了斷捨離，上週我一口氣扔掉兩大袋衣服。」

在多人聊天炒熱氣氛的「自我揭露」訣竅

「自我揭露」＝
和對方分享個人較為隱私的內容

優點

①比情報資訊類的話題更能炒熱氣氛
②對方也會更願意自我揭露
③增加親密度

訣竅：「具體說出」個人經歷和平時的行為

我很怕生。 ✕

就算在路上遇到認識的人，我也會假裝沒有注意到對方。 ○

我假日通常都待在家裡。 ✕

我不喜歡人潮多的地方，所以假日通常都待在家裡。最近讀了極簡主義的書以後就迷上了斷捨離，上週我一口氣扔掉兩袋衣服。 ○

POINT

加進「數字」或「專有名詞」
可以塑造出具體的形象，讓對方更感興趣。

如果你這麼說，聽眾的腦海裡就會產生具體的形象，自然而然會接續你的話題：「丟東西的時候，心裡一定很暢快。」「你想成為極簡主義者嗎？」

尤其是涉及興趣愛好時，很容易出現不合常理的數字，這通常能夠很有效引起其他人的好奇心。

「我的房間裡擺了超過一百個鋼彈模型。」當你聽見有個人這麼說時，想必一定會很好奇這個人住在什麼樣的房子吧。這就是不合常理的數字有效的原因。

聊天不必刻意搞笑，有趣比較重要

正如我在第2章中提到的，你說話的目的是為了擺脫「搞不懂的人」的標籤，並給周圍的人帶來安全感和親近感。

所以不需要刻意搞笑或穿插笑點。

也不用想得太難或很複雜，只要坦率地說出自己平時的行為反應和當時的想法就可以了。

說到有趣的事情時，我們會想到「funny」（＝搞笑的）事情。

但「有趣」還有其他含義。

那就是「interesting」（＝令人感興趣的）。

對他人而言，其實你的日常生活處處都是有趣的事。

每個人的生活方式都截然不同，所以，哪怕你只是聊一些對你來說很理所當然的事，很多時候就會迅速引起別人的興趣了。

「咦！你會做那種事喔？」

舉個例子，分享幾件關於我的事。

- 我很討厭講電話，所以我想預約健康檢查或按摩店的時候，只會去那些可以線上預約的地方。

- 星期五早上第一件事就是查看手機上 UNIQLO 的 APP 最新通知（每個星期五會更新限時特價商品）。
- 跟別人碰面的時候，我會提前一個小時到達地點，再到附近的咖啡廳等候。

大家覺得如何呢？這些對我來說都是再正常不過的日常生活，但每當我聊起這些事，朋友經常覺得又驚訝又好笑。

只要分享這些瑣碎的日常生活，聊天內容就會更豐富有趣，也能和對方迅速拉近距離。

把「逗大家笑」的想法放到一邊，首先要注意的重點是：「不要過分隱藏自己，保持開放的心。」

談論每個人都理解的話題是基本禮儀

開一些接受度高的話題

當對話告一段落出現沉默時，試著拋出話題吧。

有些人可能會覺得「這對我來說門檻有點高」，但這是因為你先入為主的認為「拋出話題＝講有哏的事」。

除了講有哏的事以外，還有一種拋出話題的方式。

那就是**拋出「連假期間去哪裡玩了嗎？」之類的問題**。

這種方法不需要自己說話，因此即便是不善聊天的人也可以輕鬆運用。你完全不需要給自己「是不是該準備很多聊天的題材……」的壓力。

「選擇所有人都能參與的話題」是鐵律

在拋出話題的時候，有一個原則必須遵守。

那就是**「選擇在場所有人都能參與的話題」**。

當你和A、B、C四個人在聊天的時候，講一些只有你和A才懂的小圈圈話題是違反禮儀的。

你：「對了，你知道D結婚了嗎？」

A：「不知道耶！對方是個怎麼樣的人呀？」

你：「對方喔……」

像這樣在話題中提及只有部分成員才知道的人物，其他人就別無選擇，只能當個旁聽者。

如果你真的很想講小圈圈話題，請試著讓不了解的人也可以一同參與。

你：「對了，你知道D結婚了嗎？」

A：「不知道耶！」

你：「真的假的？（朝著B和C）我們大學時期的朋友裡，有個叫D的男生上個月結婚了。」

B：「是喔。」

C：「恭喜啊。」

A：「那對方是個怎麼樣的人呀？」

你：「其實啊……他太太比他大十歲耶！」

A：「什麼！真的嗎！？」

你：「很令人驚訝吧。大家覺得跟比自己大十歲的人結婚怎麼樣？你們可以接受嗎？」

像這樣在對話中稍微補充說明，並把話題帶到每個人都可以參與的婚姻觀上，在場的所有人就能更容易參與對話。

提出話題的人有責任確保沒有人感到被排擠。

隨時派得上用場的萬能話題

使用「與每個人都一致的共同點」

人們常說「把共同點當作話題」。

如果你們之間有共同的喜好或工作，延續話題相對容易許多。但大家內心的真實感受應該是：「我就是找不到共同點啊！」

人們的興趣、工作、出生地各不相同，很難找到完全重疊的背景。兩個人聊天都不一定聊得來了，多人聊天就更加絕望了。

「那不就幾乎沒機會使用共同話題了？」你可能會這麼想，但其實不是這樣的。

仔細一找就會發現每個人一致的共通點有很多。

三個最具代表性的例子是「季節、地點、社群」。

將季節性話題、活動、生活串在一起

雖然是很理所當然的事，但大家現在經歷的季節都是一樣的。絕對不會有「我在夏天，但A在冬天」這種事。

正因為是所有人的共同點，所以非常適合拿來閒聊。

當然，如果只有說「今天好熱喔」、「冬天來了呢」，對方一句「是啊」就會立刻結束掉這個話題了。

但是，若再多下一點功夫，就能巧妙變成每個人都可以參與的愉快話題。

訣竅有以下三種：

❶與近期即將舉行的活動連結

・4月→「大家黃金週有計畫去哪裡嗎？」

・11月→「你們在校慶的時候都做過什麼事呀？」

❷與這個時期特有的嚴峻考驗連結

・3月→「聽說今年的花粉量很大，你們對花粉會過敏嗎？」

・8月→「你們算是耐熱的人嗎？」

❸與食衣住行的變化連結

・4月→「你們不覺得這種天氣很難穿衣服嗎？」

・10月→「說到秋季美食，你們喜歡什麼呢？」

人們的生活與四季更迭、季節活動密切相關。只要稍微換個角度加以變化，一個季節就能提供豐富多樣的話題。

從目前位置或社群發掘人物性格

另一個肯定會有共同點的主題是「地點、社群」。

地點指的是地名或當下位置所在的店家。比方說，聚會的地點在東京的話就以東京作為主題，如果人在麥當勞，那就以麥當勞為主題。

「你們平時會來這附近嗎？」當你提問後，如果得到的回覆是：「我不喜歡人潮多的地方，所以這次來東京應該時隔半年了。」大概就能了解對方平常的生活習性。

「你們通常多久來一次麥當勞呀？」或是換個方式作為對話開頭，然後把話題延伸到平時的飲食習慣上。

社群則是像線下聚會、課程、講座等等，把眼前的聚會當作話題。如果多數成員是初次見面的場合，大致有一些基本的提問方向：

- **參加的契機**
- **在哪裡得知這次的聚會**
- **以前有沒有參加過類似的聚會**

諸如此類的提問，都很有助於深入挖掘每個人身上獨有的故事。

如果是課程或講座的參加者，他們前來一定是有想要解決的問題。知道彼此為同樣的煩惱所苦，無形中會產生一種惺惺相惜的同伴意識，彼此之間的距離也會比以往都來得更靠近。

多人聊天時，要坐在關鍵人物附近

坐對位置，也是一門學問

「上次聊得還滿開心的，但今天好難加入對話……」如果你有這樣的感覺，或許是你坐錯地方了。

進行多人對話，尤其是超過六人的情況時，坐在哪裡是很重要的。處於有利的位置會讓你更容易參與對話，反之亦然。如果你想融入小圈圈內，就要思考一下，作為聽眾該坐哪個位置才能更好地輔助其他人聊天。

關鍵人物附近絕對不會錯

如果要講更明確的位置，肯定是坐在團體裡的關鍵人物附近。

請**把「最容易將發言接力棒傳過來的人」視為關鍵人物**。

- 公司同期酒聚↓最健談的人
- 講座的聯誼聚會↓講師
- 歡送會↓被歡送的人

大方向的概念就像這樣。

一旦確定了關鍵人物，盡可能去坐在那個人的「旁邊、對面、對面的左右兩側」位置吧（如下頁圖中的2、3、4、6、7的位置）。

若是坐到其他位置，你和關鍵人物交談時就必須提高音量。如果剛好約在吵鬧的居酒屋裡，你根本聽不到對方說話的聲音，當然也無法扮演好聽眾的角色。

到頭來，你只能在大家笑的時候不知所以地跟著一起笑……這樣的角色是很空虛的。

順帶一提，**圖中最糟糕的位置是5號**。

因為中間隔著人，你會看不到關鍵人物的臉，無論你做出多麼好的反應，他都不會把視線轉移到你身上。

在這個位置想成為頭號聽眾是非常困難的。

此外，有一些場合是所有人都初次見面，所以不清楚誰才是關鍵人物。這種情況下，要坐哪裡才好呢？

從前頁的圖片中就可以看出來，越接近角落的位置，越有可能被排除在對話之外。

如果在大家都是初次見面的場合，我會建議避開邊邊角角的位置。

我可以理解個性內向的人會傾向坐到角落，但如果你想減少被孤立的機率，在一大群人聊天時，請盡量確保靠近中間的位置。

第 6 章

改變現狀，擺脫「不說話的角色」

「現在不知道怎麼聊天⋯⋯」克服心魔的方法

「想太多」是道高牆，讓你止步不前⋯⋯

「我也想和同事開開心心地聊天，但我無法打進小圈圈，有種被孤立的感覺⋯⋯」

我想有很多人拿起這本書就是想改變這樣的現狀。

如果你將目前為止所介紹的技巧付諸實踐，應該就能打進小圈圈了。

然而，有些人可能會遇到這樣的高牆：

「就算我想挑戰看看，但我以前幾乎不會在公司聊天，突然加入對話可能會讓人嚇一跳，所以我很猶豫……」

如果你是去交流會或研討會這種場合，大家都是初次見面，可能你還會產生「試著找人聊天」的念頭。然而，公司已經成為你日常生活的一部分了，突然要你採取一個和平時截然不同的行動，是很需要勇氣的。

「大家都不會去關注別人，所以不用放在心上。」

「第一天可能會有人講幾句，但過三天就會變成一件很普通的事了。」

我認同這樣的觀點，可是有些人即使明白這個道理，心裡還是過不了這個坎。然而，除非我們採取行動，否則現狀就不會改變，你也難以在職場上找到歸屬感。

因此，這一章將會介紹幾個方法，就算你在別人眼中「不說話的角色」已經定型了，你還是可以找到方法很輕鬆地與他人開啟對話。

像漸層色一樣慢慢改變

當你想挑戰一些新東西，難免會擔心「周圍的人可能會覺得我很怪」，於是遲遲不敢踏出那一步。

這種自我意識過剩的人想要改變現狀，基本策略就是「在合理的範圍內一點一點地去做」。

首先，大家要意識到，這不是一天兩天就能完成的事，而是要花上將近一個月才能解決的課題。

要領在於不是一下子從「紅↓藍」，而是要像漸層一樣慢慢加重藍色成分，從「紅↓紅紫↓藍紫↓藍」。

現在開始，我將分成四個步驟逐一解說。

步驟
①

親切地打招呼

問候是承認存在的證明

- 上班時的「早安」
- 下班時的「辛苦了」
- 別人委託你工作時的「我明白了」
- 反過來委託別人幫忙時的「麻煩你了」
- 獲得幫助時的「謝謝」

我們就從自然地表達這些問候開始吧。

你可能會想：「事到如今，換個打招呼方式有什麼用……」但問候是一種承認對方存在的證明。不互相打招呼（＝不承認彼此的存在）的關係與路上擦肩而過的陌生人沒什麼區別。你不可能突然在路上找陌生人閒聊吧。

打招呼是建立輕鬆對話的關係的第一步。

親切打招呼的要點

我想大多數人還是會打招呼的，但你在打招呼的時候是不是都只有低頭咕噥幾聲呢？這種打招呼方式是不會讓對方感到「自己被承認」的。

要學習如何親切地打招呼，請留意以下三點。

❶面帶笑容

不用笑得很燦爛，嘴角微微上揚即可。

❷眼神對視

如果會緊張的話，看著對方的嘴角或鼻子也可以。

❸對方聽得見的音量

如果你說話的音調再高一點，會給人留下更好的印象。

不擅長這麼做的人，除了公司之外，在便利商店結帳時也可以對著店員練習看看。

沒人向你搭話，是因為你沒有表現出態度

如果你老是因為融入不了對話的小圈圈而苦惱，我想平時也沒什麼人會向你搭話吧。

「為什麼別人總是不跟我說話呢？」

「是因為我不擅長聊天，跟我聊天也不會開心嗎？」

這或許是原因之一，但還有其他根本原因。

說話消極被動，沒有笑容，打招呼也總是低頭咕噥……這種態度會讓人覺得「即使搭話也只會被冷淡對待」，下意識想和你保持距離。

沒有人願意被忽視或受到不友好的對待，所以人們很自然會預設立場：「如果不會有熱絡回應，打從一開始就不要上去搭話了。」

因此，如果你想要打入對話的小圈圈，就要淺顯易懂地表明自己「不會拒絕任何人」的態度。

而最簡單的方式就是「親切地打招呼」。

步驟
②

成為容易進行業務聯繫的人

業務聯繫也能成為對話的開端

即便你不擅長閒聊，但你能毫無障礙地完成業務聯繫這些工作上的對話吧？所以，下一個步驟就是**「成為一個可以輕鬆進行工作對話的人」**。

被定義成「不說話的角色」的人往往都是面無表情地進行對話。所以周圍的人容易覺得「這個人不知道在想什麼」、「這個人很像沒有感情的機器人」。

就算是枯燥乏味的工作對話，對話就是對話。要是稍微增添一些人物性格，別人就有機會跟你閒聊到工作以外的話題。

最重要的還是反應

想在業務聯繫上輕鬆增添鮮明的人物性格，請多多使用第3章介紹的三種反應（催促、驚訝、認同）。

比方說，附和的時候說「咦！」就能傳達出你驚訝的心情。附和的時候說「我懂！」可以傳達出你認同的心情。

運用這三種反應，就可以輕鬆表達出最具人情味的「心情」。

壞例子

對方：「這樣做起來更輕鬆喔。」

你：「喔，好的。」

←好例子

對方：「這樣做起來更輕鬆喔。」

你：「原來如此！真是個好方法。」

壞例子

對方：「請盡量在今天完成這項工作。」

你：「我明白了。」

←好例子

對方：「請盡量在今天完成這項工作。」

你：「咦，今天嗎！那我努力趕趕看。」

我們可以像這樣透過反應來表達自己內心的感受。

此外，當對方吐露心聲時，不要錯過這些訊號，適時給予回應也很有效。

壞例子

對方：「現在我要去見一個有點麻煩的客戶。」

你：「是喔。」

↓

好例子

對方：「現在我要去見一個有點麻煩的客戶。」

你：「唉！那真是有點鬱悶啊。」

透過這種方式交流心情，久而久之，對方就會覺得你比以前好聊了，慢慢地也會開始有人在業務聯繫時順便和你閒聊幾句。

實際上，我收到不少學員的正面回報，像是「開始留意要做反應以後，我和主管閒聊的次數就增加了」、「同事約我一起去吃午餐了」等等。

步驟③

自己主動搭話

試著找容易搭話的人交談

當你習慣用反應來表達自己的感受以後，就可以試著向周圍的人搭話了。

首先，只要是容易搭話的人就行。檢視至今為止有拋過話題給你的人、總是笑咪咪又親切的人，從中選一個能讓你自在聊天的對象。

請從上一章介紹的話題中選擇一個話題拋給對方。

- 季節

（例）「盂蘭盆節期間，你們有打算要去哪裡玩嗎？」

「氣象預報說下週會下雪，希望電車不要停駛。」

- 社群內的事件

（例）「對了，聽說○○要轉職了耶。」

「今年會來幾個應屆畢業生呢？」

- 簡易諮詢

（例）「你平時都是在哪裡買西裝的呀？有推薦的店家可以介紹給我嗎？」

「我因為社交溝通障礙很苦惱，你跟別人聊天時會特別留意什麼事嗎？」

如果你要和沒怎麼說過話的人聊天，就不需要特殊的話題。試試這些輕鬆的話題，建立一段可以毫無負擔地閒聊的關係吧。

為了擺脫「不好聊」的標籤，必須持續行動

「擔心會妨礙到對方工作，所以找不到搭話的時機……」面對職場人際關係，你可能多少有這種煩惱。

這種時候，**請盡量找一個百分之百可以聊天的時段，像是午休、咖啡時間或通勤時間等等。**

不僅如此，**想要擺脫不說話的角色，光靠一次的行動是不夠的。**持續採取行動是很重要的，試著制定個人目標，像是「每天至少主動搭話一次」，如果有完成就在日誌上做記號，像打電玩遊戲一樣不斷挑戰。

我也建議大家花些心思，想一些能鼓勵自己堅持下去的方法，例如：「如果週一到週五都有達成目標，回家的路上就可以買喜歡的甜點犒賞自己。」

日復一日持續下去，或許就會有人發現你的變化：「你最近話變多了耶。」

這時，你可以坦率地說出：「其實我想要改善我的社交溝通障礙，現在正在努力學習溝通的技巧。」

當對方知道你正在努力克服自己的弱點，會更容易接納你。

設定鮮明特質，取代「不說話的角色」

好理解的角色更容易相處

接下來，我將介紹一個讓你能在公司等各種社群團體中擁有歸屬的絕佳方法。

那就是「當一個好理解的角色」。

溫順的人是不顯眼的存在，所以往往會被誤以為沒有自己的脾氣個性。只要是人，怎麼可能沒有個性，純粹是溝通交流太少，所以人們沒有注意到而已。

被誤以為沒有個性的缺點：

- 別人不記得你的長相或名字。
- 別人對你不感興趣。
- 不知道你對什麼話題感興趣，所以很難搭話。

這些都會導致人際關係出現問題。

藉由讓別人認知到「你＝〇〇」這個易於理解的特徵，就可以輕易消除上述缺點。

塑造「喜愛〇〇」的角色

一提到角色，大家可能會聯想到「被欺負的角色」、「毒舌角色」、「傲嬌角色」等個性十足的元素。

但人格特質是其他人根據你平時的行為去判斷的。就算你自己認為「我是〇〇的角色」，並試著做出符合形象的行為，但也有可能和周圍的人對你抱持的印象有所差距，這時反而會讓別人很錯愕，納悶：「這個人幹嘛突然這樣？」所以我不建議這麼做。

任何人都可以輕鬆塑造的是「喜歡〇〇的角色」，你可以是「喜歡吃東西的角色」、「喜歡看漫畫的角色」、「喜歡時尚的角色」。

只要坦率地表現出自己最喜歡的東西，就能獲得這樣的角色。

讓角色滲透人心的兩種方法

要讓「喜歡〇〇的角色」順利滲透人心，主要有兩種方法。

第一種方法是，講述一段關於你最喜歡的事物之相關趣事。

- 喜歡漫畫的角色↓「我家裡有超過一千本的漫畫，書櫃都裝不下了。」
- 喜歡時尚的角色↓「一領到薪水，我就會去喜歡的品牌店衝動消費。」

第二種方法是，用日常的言行舉止來表現。

- 喜歡迪士尼的角色↓從手機殼到配件小物都是迪士尼。
- 喜歡吃東西的角色↓如果在居酒屋聚餐，烤雞肉串只剩最後一串的時候，一定會問所有人：「我可以吃嗎？」

在角色固定下來之前，「重複」是一件很重要的事。

如果只做一次，很快就會被遺忘，所以要找到展現角色特質的機會，一遍又一遍地去做。

像我很喜歡唐揚雞塊，每次在酒桌上被問到「有沒有想吃什麼？」，我連菜單都不看就會喊：「唐揚雞塊！」

不知道是不是因為這樣，久而久之，我的形象就變成了「喜歡唐揚雞塊的角色」，以前在公司除了大家的唐揚雞塊以外，就算我什麼都沒有說，同事還是會幫我點一份「MIYATA專用的唐揚雞塊」（當然，我一個人吃不完）。

這個也是重複做同樣的事才固定下來的角色。

一旦確立了你的角色，周圍的人就知道怎麼和你相處，明白「什麼樣的話題能吸引你說話」，相處起來就容易多了。

此外，一旦有了自己的角色，身邊的人便會預測你「這個人可能會採取○○的言行舉止」。

例如，如果是「喜歡吃東西的角色」，一起去牛丼店吃午餐的時候，同行友人就會預測：「感覺這個人一定會點特大碗。」

而當你如預期採取行動時（點特大碗），驗證想法的人們心中便會想著：「果然很像這傢伙的行事風格。」

而這種感覺會拉近人們對你的親近感。

「不說話的角色」
也能自在找人閒聊的訣竅

步驟①親切地打招呼

打招呼是建立輕鬆對話的關係的第一步。留意要「揚起嘴角，笑著打招呼」、「眼神對視」、「拉高音調」等等。

步驟②成為容易進行業務聯繫的人

成為可以輕鬆進行工作對話的人。使用三種反應（催促、驚訝、認同），讓對話的進行更順利。

步驟③自己主動搭話

首先，試著找容易搭話的人進行對話練習，或聊些無關緊要的事吧。運用萬能話題（季節、地點、社群）看準時機主動向對方搭話吧。

步驟④設定鮮明特質，取代「不說話的角色」

建議塑造出一個「喜歡〇〇的角色」。聊聊你所喜愛的事物之相關趣事，或是把隨身物品統一成喜歡的東西。

POINT 對於塑造新角色來說，「持續」和「重複」很重要。

內向者一旦順利融入，最自然的模樣也能被接納

「內向角色」和「不說話角色」既相似又不同

我提過，要擁有一個個性十足的角色是很困難的，所以我希望以往被別人定義成「不說話的角色」的人可以取得另一種角色。

那就是**「內向角色」**。

「這跟不說話的角色有什麼差別嗎？」

可能有人會有這樣的疑問，但它們之間存在著決定性的差異。

那就是明確表現出「我想和大家好好相處」的立場。

當你被當作是不說話的角色時，大家一定都知道你是個內向的人，本來就不善於與人交往。但另一種情況是，大家不清楚你是「不擅長社交，所以不想和人打交道」，還是「雖然不擅長，但我想跟大家好好相處」，所以才會和你保持距離。

我得不斷重複這一點，不善於溝通的人很難討人喜歡的原因，既不是「不會說話」也不是「個性內向」。

而是因為人際互動的溝通量太少，人們認為你是「搞不懂的人」。

「我很安靜，不擅長與人交往，但我想和這裡的每個人和睦相處！」

因為這份心情看不見也摸不著，這才是你至今為止在小圈圈中沒有立足之地的最大原因。

獲得內向角色的方法

前面介紹了兩種讓角色滲透人心的方法。

一種方法是**講述一段跟你喜愛事物相關的趣事讓人留下印象**。

另一種方法是**用日常的言行舉止來表現**。

如果你是個內向的人，還試圖用平時的行動來表現的話，更有可能讓人覺得你是「沉默寡言又難以親近的人」，所以請用言語來表達吧。

直接告訴大家你有多內向。

我會建議你分享一些遺憾的小故事，像是「有點搞笑的失敗經驗」或「有點丟人的日常生活插曲」。

「我整個週末都窩在家裡，唯一見面的人是送貨員。六日兩天加起來，我說話的時間連一分鐘都沒超過。」

「在前往目標店家的路上迷路了，我不敢問別人，只能跟地圖程式大眼瞪小眼，試圖靠自己努力找出答案。如果還是找不到，我就會放棄行程，乾脆回家。」

這類型的故事很容易引人發笑，如果你能表現得夠好，大受歡迎不再只是夢想。套用在平時的對話裡也是一樣。

- 「你有去過酒店嗎？」如果遇到這種問題你就可以回答，**「沒有啊。對怕生的人來說，要跟初次見面的女生聊天根本就是折磨。」**
- 「受到疫情影響，現在很難跟朋友碰面了。」當對方開啟話題時，也能坦率接話，**「是啊。不過就算沒有疫情，也很少人約我出去。」**

即使你的回應像個內向的人，你的角色個性也會脫穎而出。

需要記住的一件事是，說話時不要流露出悲傷的感覺。

要是你用暗淡的語調說話，聽眾會有所顧慮而笑不出來，就無法和他們變得親近。

用輕鬆的語調說話，好像整件事根本沒什麼大不了的。如果事情嚴重到無法輕描淡寫帶過，那就不必強迫自己說出這件事。

在角色固定下來之前，重複是必要的。現在就開始回想、收集一些日常生活中因為個性內向而發生的小故事吧。一定馬上就能找到。因為個性內向的人遇到需要克服的艱難場面，通常都是在與人互動的時候。

生活在社會裡，就是要不斷地與人互動。這也是為什麼內向者會一直遭遇困難，但反過來說，想尋找這方面的素材故事時，完全不用擔心沒有東西可以講。

如果不能和別人好好溝通交流，會感到沮喪也是很自然的。越是這種情況，越是要把這些經驗回收再利用，當作未來聊天的題材。

想在職場找到歸屬感，就要成為有用戰力

老是扯後腿的人很難被接納

對於那些想要在職場創造歸屬感的人，我想要給最後一點建議。雖然是很理所當然的事。

成為職場上的有用戰力。

職場的人際關係並不是一群好朋友的聚集地。

能夠開開心心聊天會更容易找到歸屬感，這一點是毫無疑問的，但這群人聚集在一起都只是為了工作。

所以，如果你總是在重要工作上扯後腿的話，就很難被別人接納。

我以前曾經在一間鞋店打工，後來任職的門市中途歇業了，我就被調到了新門市。

新門市的工作人員都是新人，當然會有很多不明白的地方。而且門市剛開業，店長總是忙得不可開交。

於是，大家一有問題都會跑來問我這個有經驗的人。因為我總是心平氣和地回應他們，自然而然地獲得了「可靠的領導者」地位，也得到了一個舒適的工作環境。

即使我離職了，直到現在店裡的酒聚還是會邀請我去同樂。

只要獲得「這個人值得信賴」、「這個人很好用」的認可，就越有可能受到善意地接納。

建議未來計畫要到新職場工作的人，要努力盡快熟悉工作，成為能夠獨當一面的人。

發展出個人強項，就會成為交流的契機

一旦掌握了工作的基礎知識，就試著發展一個個人的強項吧。

- 製作的資料最好讀易懂
- 最會操作 Excel 的強者
- 最懂電腦知識的人

類似這種專業，只要是關於個人工作上的事，再小的事都可以加以發揮成你

的專長項目。

以我個人而言，自從在鞋店工作後，我就利用自己有條不紊的個性，把賣場的庫存整理得比任何工作人員都還要整齊。

結果就是，店長滿意地對我表示認可說：「說到布置賣場，那肯定非MIYATA莫屬了！」交付我去負責規模大於其他人的銷售賣場。

即使你從事的是銷售或業務，也不代表只有營業額第一名才有價值。

發展一個會讓人們說「你＝〇〇專家」的專業領域吧。利用這個優勢來幫助周圍的人。

一旦你的強項被認可，別人就會跑來問你：「〇〇，教我怎麼做！」「〇〇遇到這種情況會怎麼辦？」對話的次數自然就會增加了。

第 7 章

輕鬆融入每個圈，不同情境的應對方法

聊到自己不了解或沒興趣的話題時

不必勉強自己參與不了解的話題

在最後一章中，我會列舉出多人對話中容易感到困擾的情境，並提供應對的方法。

在多人對話的群聊中，即使開啟了一個你不擅長的話題，只要有其他人接話，這個話題就會持續一段時間。

也就是說，和一對一對話相比，被迫參與自己不了解或沒興趣的話題的情況會越來越多。

大家可能會很苦惱在這種情況下該怎麼參與對話。

首先，是遇到完全不懂的話題時，你可以運用的應對方法。

「對了，聽說A公司的○○辭職了耶。」像這樣突然冒出一個你從未見過的人名時。

「我週末要去看○○的演唱會呢。」或是跑出一個從未聽說過的陌生搖滾樂團話題。

如果當下的氛圍是可以問「那個樂團很有名嗎？」之類的問題，就儘管問吧。掌握的資訊越多，參與對話就相對容易。

但有時候也會覺得，「冒然問問題打斷別人的對話也不太好……」這種時候就不需要勉強自己參與對話。

沒有人可以跟上所有話題，不用因為跟不上話題就覺得難為情。

即便如此，也不要明顯擺出一副無聊的表情或是一直玩手機。

如果給人留下了「感覺你是個性很差的人」的印象，就算轉移到其他話題，你一樣很難參與對話。

- 面帶微笑地看著說話者。
- 點頭、附和，做出輕微的回應。
- 在大家笑的時間點跟著一起笑。

就算跟不上話題，也要留意傾聽的原則，當個稱職的好聽眾，並與現場氛圍融為一體。

碰到不感興趣的話題，就把注意力集中在人身上

接下來是如何應對你不感興趣的話題。

棒球、足球、露營、釣魚、衣服、動漫……我想每個人都有一些不感興趣的事物，對於這類型的話題稍微有粗淺的了解，但沒興趣深究。

比起一無所知的話題，如果你有簡單概念，參與對話會相對容易。基本上，建議你還是以聽眾的身分參與對話，並在傾聽別人說話時留意面帶微笑或適當做出反應。

這時候推薦大家做的事是**「提問」**。

如果你善於問問題，就算是不感興趣的話題也能聽得津津有味。

訣竅正如我在第4章中提到的，我們應該要**把焦點放在「說話者的人物性格」**，而不是資訊本身。

比方說，你對職棒毫無興趣，但熱愛棒球的上司卻分享了他去球場看比賽的故事。在這種情況下，重點已經不是棒球了，而是要針對「到球場看棒球比賽看得很開心的上司」去思考提問。

- 「看比賽最讓人興奮的瞬間是什麼時候？」
- 「看直播和現場觀賽的感覺是天差地遠吧？」
- 「支持的球隊贏下比賽的日子，酒喝起來一定特別暢快吧？」

透過這種方式，你可以多問一些對方的感受或趣聞。把焦點放在人身上，可以帶出「這個人獨有的故事」，即使你對話題本身不感興趣，也能聽得很開心。

就算你對話題本身一點興趣都沒有，也可以從中充分感受到吸引對方的魅力和樂趣。

暫時將你的價值觀和喜好放在一邊，把好奇心和興趣放在「這件事為什麼讓〇〇這個人如此著迷？」就好。

如果你不感興趣，就談談「為什麼我不感興趣」

即使你對電影不感興趣，別人可能也會拋話題給你，「你看電影嗎？」在這種情況下，你是不是老是簡短回答：「沒有，不太看……」一兩句就含糊其辭帶過呢？請注意，這樣簡短的回答可能會讓拋出話題的人有種被拒絕的感覺。

「我就沒什麼東西可以聊啊。」你可能會這麼想。但其實不感興趣的話題也是可以拿來聊的。

那就是，**自我揭露「為什麼我不感興趣」和「我不擅長〇〇事」**。

- 因為要持續坐兩個小時很痛苦。
- 因為不想花錢買將近兩千日圓的電影票。
- 因為沒有人跟我一起去。
- 因為我不認識任何明星。

這些不看電影的原因都是關於你這個人的好題材。

「以前我曾跟朋友說不知道阿部寬長什麼樣子，結果對方很傻眼。」之類的，你大可以分享一些趣事來展現自己的個性。

不過，有一點需要注意的是，**以「電影很無聊」的否定態度說話是NG的。**

「我不是很喜歡○○……那你可以跟我分享什麼地方這麼吸引你嗎？」我們應該以這種正向的態度進行對話。

請記住，**自我揭露的目的是要深掘對方的故事，並加深你對他的理解**。

中途參與聊天時

先掌握情勢，並和成員站在同一立場

中途加入正聊得開心的小圈圈，我想大家最常碰到的情況就是從廁所回來或遲到的時候。

在這種時候，很多人可能會猶豫不決，心想：「晚到還強行加入對話，會不會太厚臉皮呢……」想來想去，最後只好默默當一個旁聽者。

當你中途加入對話時，你要做的第一件事就是和其他成員站在同一立場。為此，要先從了解話題走向開始。

如果話題已經進行到一段時間了，剛開始可能沒辦法馬上確定主題或主要說話者是誰。

最快的方式是直接問：「你們在聊什麼？」但能毫無困難地做到這一點的人應該也不會看這本書了。所以，首先我們要認真當一個聽眾，觀察並掌握對話的進行情況。

訣竅當然就是饒有興致地聆聽，積極表現出「我也想參與對話」的態度。

一旦摸清楚話題的主軸後，在大家聊到一個段落的時候就可以適時詢問：

「你們是在聊〇〇嗎？」

比方說，這樣的情況。

A：「考慮到便利性，就算房租稍微高一點，還是吉祥寺比較好吧。」

B：「嗯，確實如此。」

（幾秒鐘的空白）

你：「你們在聊搬家的事嗎？」

然後，其中一個人就會簡明扼要地解釋情況：「對啊，A說他要搬出去自己住。」

順著這樣的對話走向，可能會有人問你：「對了，〇〇，你現在是一個人住嗎？」

像這樣使用簡單的一句「是在聊〇〇嗎？」，就能輕鬆加入對話的小圈圈。

不要錯過轉換話題的時機

如果你無法順利融入對話也不用太擔心，因為很少有人會一直在同樣的話題聊上幾十分鐘的。

遲早會轉換到其他話題。

而**轉換話題的時間點就是你加入小圈圈的最佳時機**。

話題轉換以後，所有人的起點都是一樣的，內向的人可以用提問或自我揭露的方式來降低發言的門檻。

為此，從上一個話題開始就要主動率先做出反應。

我相信大家都有過這樣的經驗，如果你長時間保持沉默一直沒有做出反應的話，你就會變得越來越不願意說話，最後連發言都覺得懶。

一定要先暖暖身（確切來說是暖暖嘴），這樣當機會出現的時候，你才能順利加入話題。

當團體氛圍過度亢奮時

理想的情況是融入氛圍

如果你個性很內向，當整個團體都呈現過度活潑的亢奮狀態時，你可能會倒退一步心想：「我跟不上他們的情緒……」在這種情況下，該如何進行對話呢？

人們會對和自己相似的人抱有親近感，所以理想情況下，能配合周圍同伴的情緒是最好的。

但這也是有最低限度的。

如果你所在的團體非常活潑，不管你怎麼努力都跟不上的話，起碼臉部表情要做到同步。

- 聊到歡樂愉快的話題時，大家笑得開心，你也要露出笑容。
- 說話者說了一個很有梗的笑話，眾人一笑，你也要跟著笑起來。

如果至少能做到這兩點，就可以在不破壞現場的氛圍下順利融入其中。

想維持一段長期的關係，最好堅持做自己

如果你處於職場或學校這種需要長時間交往的群體中，我建議你堅持當一個「配合度很低的人」。

只有一天的話，也許你還能表現出熱絡的感覺，但如果每天都要這麼做是很

累人的。而且肯定會整日擔憂一直想著：「萬一大家發現真實的我，一定會很討厭我。」長期下來，壓力是很大的。

如果你想要「擁有自在的社交環境」，做最真實的自己是必要條件。

一直隱藏真實的自我，你永遠得不到一個可以保持自己最自然模樣的環境。

具體方法如第6章所介紹的。透過分享一些能表現個人特質的趣事與發言，讓「內向角色」的形象固定下來吧。

配合度高的人們最喜歡聽有趣的故事了。

「如果在街上看到認識的人，我會假裝沒看到然後去走岔路。就算是在超近距離發現對方，我也會條件反射地把頭轉開。」

「即使送來的餐點不是我點的，我也不會跟店員說。假如我點了一杯冰咖啡，結果送來一杯冰紅茶，我就會告訴自己：『我剛好想喝冰紅茶了，來得正好。』」

「我不喜歡被服務，如果一家店裡面沒有半個客人，我就不會走進去。或是隔一段時間再回來，萬一店裡還是沒有其他客人，我寧願放棄行程，直接回家。」

像這樣分享一些令人會心一笑的小故事，別人就會重新改寫對你這個人的印象，「這個人雖然配合度不高，但是個有趣的人」、「看來他沒有在迴避和我們互動」。即使你只是保持平時的自己，也會被善意地接納。

保留一些和內向性格相關的失敗經歷，或可以笑著自嘲的故事是很好用的。平時如果發生類似的事情，請養成習慣記錄在手機的備忘錄或日記應用程式中吧。

當成員都比自己年長時

目標是擁有備受疼愛的地位

前輩、主管、年紀大的客人……等等，要和比自己年長的人交談很緊張吧。

在我還有社交溝通障礙的學生時期，從來沒有做過「向老師尋問不懂的地方」或是「和社團的學長們閒聊」這些事。

更不要說是在多人群聊中每個成員都比自己年長的情境，不少人可能會像洋娃娃一樣呆坐在一旁不知所措。

至於如何應對這種情況呢？你不必急著以擔任主持人（提供話題或傳球）為目標。如果出言不遜的話，反而有可能會被視為傲慢的傢伙，所以把對話的舵交給長輩吧。

和年長的人交談，最重要的是表現出謙虛的姿態，並受到長輩們疼愛。

- 積極使用驚訝型反應「哇——！」「太厲害了吧！」等等。
- 不用顧慮，直接開口問好奇的事。

作為聽眾，我們的任務就是好好表現出對話題的興趣，以及對長輩的尊敬。**尤其是他們開始提當年勇或辛苦經歷時，就是最好的機會。**如果你積極專注地聆聽，採取「受益良多！」的態度，說話者渴望認同的需求被滿足後，就會聊得很開心。

稍微諮詢一下，前輩就會熱情活潑地說個不停

當你也想開啟話題時，別客氣，拋出來諮詢吧。

工作方面的疑問、人際關係的煩惱、人生諮詢自然不在話下，例如「你知道有間好吃的店叫○○嗎？」這種簡單的問題也很好。

人們基本上都希望受到「比自己年輕的後輩仰慕」，對方願意依靠自己、找自己諮詢，沒有人會覺得不開心的。

「可以給我一點建議嗎？」當你帶著問題前來諮詢，對方一定會很樂意與你分享的。

另外，**我也很推薦另一種方法，點出對方的優點並詢問：「怎麼做才能變得像你們這樣呢？」**

- 問問銷售成績最高的前輩：**「我要怎麼做，才能像前輩一樣受到顧客的信賴呢？」**

• 問問善於解說的主管：「該怎麼練習，才能像課長一樣有條有理地說明？」
• 問問時尚的年長朋友：「你怎麼把衣服穿得這麼有品味的？」

這個方法的優點是**有稱讚對方的效果**。

就像是在說：「你的這一點很優秀，可以把祕訣告訴我嗎？」人被問到這樣的問題，怎麼可能會不高興呢。

有些人可能會覺得稱讚別人很羞恥，或是因為像在奉承別人而感到抗拒，但這種方法並不是直接讚美，所以大家使用起來應該都不會太反感。

剛加入內部已經建立關係的團體時

話題輪到你身上時，就展示出你的角色

- 剛開始兼職或換新工作
- 第一次參加課程或社團活動
- 朋友帶你認識他的朋友圈

上述這些場合，除了自己以外，其他成員都已經互相非常熟悉。當他們互相

調侃並表現出關係很要好時，難免會讓人感到「無法融入……」而有所退縮。

在這種情況下，我們要怎麼做才能打進小圓圈呢？

開啟話題或積極主動發言，我覺得做這些突顯自己的事是很困難的，所以沒必要強迫自己去做。

首先，根據理論我們先以做出反應為主，扮演好聽眾的角色。

不用擔心，稍微等一等，就會有其他成員會來搭話的。

「你酒量好嗎？」

「你是做什麼工作的呀？」

「你住在哪裡？」

「放假的時候都在做什麼呀？」

「你怎麼會想來參加這個活動？」

只要你是新來的，一定會被問這些像是個人簡歷的問題。

這時就是大好機會。**為了讓成員更進一步認識你，主動自我揭露吧。**

被問到問題時，以「回答＋自我揭露」的方式回答

A：「你放假的時候都在做什麼呀？」

你：「在家看看影片之類的……」

B：「那你怎麼會想到要來上烹飪課呀？」

你：「我覺得學會做料理應該比較好吧……」

這種一問一答的對話很快就會結束，也無法傳達出你的人物形象。

被問問題的時候就是最佳的自我揭露機會。大家都在認真聽你說話了，只有回答問題就太可惜了。

再加一句「自我揭露」來補充內容吧。

「我都在家看影片，再加上我很宅，放假大部分時間都在家裡度過，媽媽也有點疏遠我。」

「我覺得會做料理比較好呀。兩個月前我開始一個人住，但下廚次數一直停在0次的紀錄。」

說到這種程度，就很明確有把「我想和大家聊天」的態度傳達出去，而且比起一問一答，對話更容易延續下去。

面對初次見面的人，會提出的問題大致上都有固定的模式。

如果你知道自己即將加入一個新的團體，請提前想好和個人簡歷有關的題材與故事。

先親近能讓你放下戒心的成員

• 4個人都是初次見面

● 4個人都是學生時期關係要好的同班同學

哪個選項能讓你更輕鬆參與對話呢？想都不用想，肯定是後者。因為你已經和每個人都建立好關係了。

換句話說，**多人聊天就是一對一關係的集合體**。

親近的成員比例越高，參與對話就越容易。

因此，作為新成員加入職場或社團這些需要建立長期關係的團體時，盡快找到能讓你放下戒心的成員是很重要的。

為此，不只是要在多人聊天時加深友誼，還要嘗試把握機會和「似乎合得來」的成員進行一對一的對話。

因為一對一聊天時注視著自己的目光較少，你可以更容易說出內心想法，進行更深入的自我揭露。

當你的親近成員一個一個增加，大家一起聊天時就能毫無顧忌地暢所欲言。

結語

總有一天，與他人聊天會成為值得期待的事情

感謝各位讀者閱讀到最後。

「要怎麼做，才能在多人聊天的場合也開開心心地參與對話呢……」這本書有成功解決大家心中的鬱悶嗎？

我和大家分享了許多技巧訣竅，可能有些內容在你的腦海裡還沒有完全理清，但請記住，重點始終都是「讓大家開開心心地聊天！」的精神。

與其主動說話來突顯自己的存在感，不如試著讓在場的所有人都能自在地聊天。這麼一來，你很快就會發現，加入小圈圈並沒有你想像中的那麼困難。

俗話說「好心有好報」，而在多人對話也正是一種「好心有好報」的體現。為周圍的人著想並採取行動，最後會為你帶來好的結果。

●相較於硬逼自己「得說些什麼才行」的時期，說話的頻率反而增加了。
●可以感受到「我待在這裡也沒關係」，疏離感消失了。
●被邀請去吃飯和玩樂的機會增加了。

這些都是實際發生在我身上的變化。

我相信同樣的未來也在等著你。

隨著通訊設備的發展，在這個時代與人面對面交談的機會越來越少。也許有些人覺得麻煩的人際關係減少了，反而變輕鬆了。但人與人之間是不可能完全零互動的。而且真正可以療癒人心的不是「東西」，而是「人」。

透過學習愉快對話的方法，你將體驗到比現在更加充實的生活。以前覺得超級麻煩的媽咪聚會或職場的酒聚，反而會開始令人有些期待。

希望本書能成為那個契機。

MIYATA SATOSHI

內向者的好人緣聊天術
複数人での会話がラクになる話し方

作　者　MIYATA SATOSHI
譯　者　林以庭
主　編　林玟萱、呂佳昀

總編輯　李映慧
執行長　陳旭華（steve@bookrep.com.tw）

出　版　大牌出版 / 遠足文化事業股份有限公司
發　行　遠足文化事業股份有限公司（讀書共和國出版集團）
地　址　23141 新北市新店區民權路 108-2 號 9 樓
電　話　+886-2-2218-1417
郵撥帳號　19504465 遠足文化事業股份有限公司

封面設計　萬勝安
排　版　藍天圖物宣字社
印　製　中原造像股份有限公司
法律顧問　華洋法律事務所　蘇文生律師

定　價　390 元
初　版　2024 年 01 月
二　版　2024 年 12 月

電子書 E-ISBN
9786267600016（PDF）
9786267600023（EPUB）

國家圖書館出版品預行編目資料

內向者的好人緣聊天術 / Miyata Satoshi 作 ; 林以庭 譯 . -- 二版 . --
新北市 : 大牌出版 , 遠足文化發行 , 2024.12
240 面 ; 14.8×21 公分
譯自 : 複数人での会話がラクになる話し方
ISBN 978-626-7600-03-0（平裝）
1. CST: 人際傳播　2. CST: 溝通技巧

177.1　　113014990